READING REVOLUTION II

www.properenglish.co.kr

머리말

구조별로 분류된 독해는 집중적으로 해당영역을 훈련함으로써 선택과 집중이라는 기제를 효과적으로 활용하는 전략입니다.

물론 더 많은 사례들이 모아져서 집중의 혜택을 배가시키는 것이 바람직하겠습니다. 하지만 우리의 짧아지는 인내와 빨리 다가오는 피로감을 고려하여 한 영역당 십여개 정도의 독해만을 배당했습니다.

좀 편서입니다. 바쁜 시간에 해당 주제를 놓고 문장사냥을 떠나 준 박규빈 조교에게 고마움을 전합니다.

usage 의 전 영역을 다 아우르지 못했습니다. 추후 시리즈 후편을 기대하면서 알찬 문장과 지문에서, 의미를 공유하고 토론하는 기회가 되길 바랍니다.

김정호 씀

www.properenglish.co.kr

Contents

01 to infinitive (to 부정사) ········· 004

02 gerund (동명사) ················ 016

03 participle (분사 및 분사구문) ····· 028

04 noun clause (명사절) ············ 046

05 relative clause (관계사절) ········ 060

06 comparison (비교구문) ··········· 074

07 conjunction (등위접속사) ········· 090

08 lengthy subject (긴 주어) ········ 106

09 adverb clause (부사절) ··········· 120

10 passive form (수동태) ············ 134

11 conditional & subjunctive (가정법) ····· 152

12 special structures (도치, 강조, 삽입, 생략, 동격) ····· 170

PART 01
to infinitive
(to 부정사)

PART 01 · to infinitive (to 부정사)

01

Architects are qualified to design and provide advice – functional, aesthetic and technical – on built objects in our public and private landscapes. They are required to obtain professional licensure, similar to the requirements for other professionals, with requirements for practice varying greatly from place to place.

02

There is no need to make use of hair dyeing. The snow-capped mountain is itself a beautiful scene of fairyland. Let your looks change from young to old in step with natural aging process so as to keep in harmony with nature. To be in the elder's company is like reading a book of deluxe edition that attracts one so much as to be unwilling to part with.

01

건축가들은 디자인을 하고 우리의 공적이고 사적인 환경공간에 세워진 물체들에 대한 기능적, 미적, 기술적인 충고를 제시할 자격을 가진다. 그들은, 다른 전문직업인들에 대한 전제조건들과 유사한, 장소마다 다양하게 달라지는 실습에 대한 전제조건들을 가진 전문적 면허증을 보유하도록 요구받는다.

- be qualified to 부정사 : ~ 할 자격을 부여받다
- be required to 부정사 : ~ 할 것을 요구받다

02

머리염색을 써먹을 필요는 없다. 눈덮힌 산(흰머리가 난 상태)은 그 자체로 아름다운 별천지의 광경이다. 당신의 겉모습이 자연과 조화를 이루도록 자연스런 노화과정을 따라서 젊음에서 늙음으로 바뀌도록 내버려두라. 손위의 사람과 함께 한다는 것은 놓치고 싶지 않을 만큼 한 사람을 매혹시키는 고급양장본으로 장식된 책을 읽는 것과 같다.

- so as to 부정사 : ~ 하기 위해서
- so much as to 부정사 : ~ 할 정도로, ~ 할 만큼이나

PART 01 · to infinitive (to 부정사)

03

Astonishingly, work is easier to enjoy than free time. Working life includes goals, rules, and challenges. On the other hand, free time is unstructured and it takes efforts to organize it in such a way to make it enjoyable. So don't be reluctant to plan your free time and structure it deliberately.

04

Our body needs to be at a particular temperature for certain metabolic reactions to occur and warming up enables this to happen sooner.

03

놀랍게도, 여가보다 일이 즐기기에 더 편하다. 일하는 삶은 목표, 규칙, 그리고 도전을 포함한다. 반면에, 여가는 틀이 잡혀져 있지 않고 재밌게 만들기 위한 그런 방식으로 그것을 꾸미는 데에는 노력이 필요하다. 그러므로 여가에 대한 계획을 짜고 그것을 신중하게 구성하는데 주저하지 마라.

- it takes efforts to 부정사 : ~ 하는 것은 노력이 필요하다
- in such a way to 부정사 : ~하기 위한 그런 방식으로
- be reluctant to 부정사 : ~ 하는데 망설이다

04

우리 몸은 특정한 신진대사반응들이 일어나기 위해서 특정한 온도에 있어야 하고 준비운동을 하는 것은 이것이 더 빨리 일어나도록 해준다.

- need to 부정사 : ~할 필요가 있다
- for A to 부정사 : [A가 부정사의 의미상의 주어]
- enable A to 부정사 : A가 ~할 능력을 주다

PART 01 · to infinitive (to 부정사)

05

Now is the right time to give Korean cinemas more flexibility regarding what they can and cannot show. And there is one more thing to consider. As our country's external economic dependence exceeds 70 percent, we have no choice but to join the global free trade trend.

06

I'll never forget that day when my mother suddenly died of an unexplained illness at the age of 36. Later that afternoon, a policeman stopped by to ask for my father's permission for the hospital to use mother's organ.

05

지금이 한국극장들에게 그들이 보여줄 수 있는 것과 없는 것에 대한 더 큰 융통성을 줄 적기이다. 그리고 고려해야할 한 가지가 더 있다. 우리나라의 국외경제의존도가 70 퍼센트를 넘고 있으므로 우리는 세계자유무역추세에 합류하는 것 외에 다른 선택이 없다.

- time to 부정사 : ~할 시간
- thing to consider : 고려할 것
- have no choice but to 부정사 : ~하는 것 외에 선택의 여지가 없다

06

나는 어머니가 원인모를 병으로 36세에 돌아가신 그날을 잊지 못한다. 그날 오후 경찰관 하나가 병원이 어머니의 장기를 이용하도록 아버지가 허용해줄 것을 요청하러 우리에게 들렀다.

- permission for A to 부정사 : A가 ~해도 좋다는 허락

PART 01 · to infinitive (to 부정사)

07

The Virgin Atlantic Airlines solved the problem of making one piece of furniture serve two purposes with the touch of a button. The passenger stands up, presses the button and the seat back electronically flips to become a flat bed.

08

When deciding whether to include a piece of advice at the end of the letter, I asked myself "Is this necessary?" When I felt tempted to give advice to someone, I remembered that I was more encouraged when they cheered me up by saying they were as wrong and mistaken as I was at the very moment I needed sympathy.

07

버진 아틀랜틱 항공사는 가구 하나가 두 가지 역할을 수행하게 만드는 문제를 버튼터치 한 번으로 해결했다. 승객은 일어서서 단추를 누르면 등받이가 전자적으로 뒤집어져서 평평한 침대가 되는 것이다.

■ 부정사의 결과적 해석에 유의할 것

08

그 편지의 끝에 충고를 하나 넣어야 하는지를 결정할 때 나는 자문했었다. " 이것이 꼭 필요한가? " 내가 누군가에게 충고를 하고 싶을 때 나는 내가 동정을 필요로 하는 바로 그 순간에 그들도 나만큼 잘못되었다라고 말함으로써 그들이 나를 위로했을 때 내가 더 용기가 났다 라는 사실을 떠올렸다.

■ whether to 부정사 : ~해야할지 말아야 할지

PART 01 · to infinitive (to 부정사)

09

The children from whom for any reason parental affection is withdrawn are likely to become timid and unadventurous, filled with fears and self-pity, and no longer able to meet the world in a mood of joyous exploration.

10

Women have come to realize that studying at the same school with men is not in favor of them. The recent studies show that it is easier for the American women who went to women's college to hold successful jobs later in life.

09

어떤 이유로 인해 부모의 사랑이 끊어진 아이들이 소심하고 과감성이 떨어지며, 두려움과 자기동정이 채워지고, 즐거운 모험의 기분으로 세상을 더 이상 대할 수 없을 가능성이 커진다.

- be likely to 부정사 : ~할 가능성이 커지다
- be able to 부정사 : ~할 능력이 있다

10

여성들은 남성들과 같은 학교에서 공부하는 것이 그들에게 유리하지 않다는 것을 깨닫게 되었다. 최근의 연구들은 여자대학을 갔던 미국여성들이 나중에 성공적인 직업을 보유하기 더 쉽다는 사실을 보여주고 있다.

- come to 부정사 : ~하게 되다

PART 02
gerund
(동명사)

PART 02 · gerund (동명사)

01

If there is to be toleration in the world, one of the things taught in schools must be the habit of weighing evidence, and the practice of not giving full assent to propositions which there is no reason to believe true. For example, the art of reading the newspapers should be taught.

02

I do not know why some people insist on filling the air with noise. They cannot stand being in a car without having the radio on. They cannot stand being anywhere with nothing but the natural sounds of earth in their ears. The most disgusting telephone practice is the hold button that automatically feeds music into the waiting caller's ear.

01

만약 세상에 관용이라는 것이 있고자 한다면 학교에서 가르치는 것들 중 하나는 증거의 무게를 저울질하는 습관과 진실이라고 믿을 이유가 없는 명제들에 대해 완벽하게 동의하지 않는 관행이어야 한다. 예를 들어 신문들을 읽는 기술이 가르쳐져야 한다.

- the habit of ~ing : ~하는 습관 (전치사 of 의 목적어 동명사)
- the practice of not ~ing : ~하지 않는 관행 (전치사 of의 목적어 동명사)
- the art of ~ing : ~하는 기술 (전치사 of의 목적어 동명사)

02

나는 왜 일부 사람들이 소음으로 대기를 채워야한다고 주장하는지 그 이유를 알지 못한다. 그들은 라디오를 켜지 않은 채로 자동차 안에 있는 것을 견디지 못한다. 그들은 그들의 귀에 자연의 소리를 제외한 어떤 소리도 없는 곳에 있는 것을 견딜 수 없다. 가장 역겨운 전화관행은 자동으로 음악을 대기하는 사람의 귀에다 공급하는 대기버튼이다.

- insist on ~ing : ~해야 한다고 주장하다 (전치사 on 의 목적어 동명사)
- stand ~ing : ~하는 것을 견디다 (타동사 stand 의 목적어 동명사)
- without ~ing : ~하지 않고 (전치사 without 의 목적어 동명사)

PART 02 · gerund (동명사)

03

Anyone who would profit by experience will never be above asking for help. He who thinks himself already too wise to learn of others will never succeed in doing anything either good or great.

04

The traditions of working with one's hands have contributed to keeping alive the spirit of "do-it-yourself." Large sections of popular magazines are devoted to giving instructions in gardening, carpentry, upholstering, and interior decorating.

03

경험으로 이득을 보는 모든 사람은 도움을 요청하지 않아도 될 정도로 더 우월한 상태에 있지 않다. 자신이 타인들에 대해 배우기에 이미 너무 현명하다고 생각하는 사람은 훌륭하거나 위대한 일을 하는데 있어서 결코 성공하지 못한다.

- be above ~ing : ~하는 행위보다 더 우월하다, 뛰어나다, 극복하다, ~할 정도로 어리석지 않다.
- succeed in ~ing : ~하는데서 성공하다

04

손으로 일을 하는 전통은 "스스로 하라"라는 정신을 살리는데 기여했다. 인기 있는 잡지의 상당한 지면이 원예, 목공, 방꾸미기, 그리고 실내장식에 대한 소개를 제공하는데 할애된다.

- contribute to ~ing : ~하는데 기여하다 (전치사 to 의 목적어 동명사)
- be devoted to ~ing : ~하는데 할애되다 (전치사 to 의 목적어 동명사)

PART 02 · gerund (동명사)

05

All nations modify their history. Disasters are redefined as victories. Bitter turns to sweet. The Japanese are much like other peoples when it comes to dealing with their past. Japan's ruthless invasion of other neighboring nations is described as "an advance into them".

06

Those with rebellious children can sympathize with each other about the rotten state of the younger generation, without necessarily feeling that they have failed in the raising of their children. If this leads to fewer parents acting hysterically at the first signs of independence from their children and to fewer parents giving up all attempt to communicate with them, it might be somewhat easier for the children to grow up morally. If parents are calmer and more intelligent in dealing with their teenage children, the latter will not need to spend so much effort and energy in fighting unnecessary battles with their parents.

05

모든 국가들은 그들의 역사를 수정한다. 재앙들이 승리들로 재정의된다. 쓰라린 역사들이 달콤한 역사들로 바뀐다. 일본인들은 그들의 과거를 다루는데 있어서 이런 다른 민족들과 매우 흡사하다. 다른 이웃국가들에 대한 일본의 무자비한 침략은 '그들로의 진출'로 묘사된다.

- when it comes to ~ing : ~하는데 있어서

06

반항적인 자녀들을 가진 부모들은 자녀양육에 실패했다는 것을 반드시 느끼지 않고서도 어린 세대의 썩어빠진 상태에 대해 서로서로 공감할 수 있다. 만약 이것이 자녀들로부터 나온 최초의 독립시도들에 대해 신경질적으로 행동하는 부모들이 더 적어진다는 결과를 낳는다면, 그리고 그들과 대화하려는 모든 노력을 포기하는 부모들이 더 적어진다는 결과를 낳는다면 아이들이 도덕적으로 성숙해가는 것이 다소 더 쉬울 수도 있다. 만약 부모들이 그들의 십대 자녀들을 다루는데 있어서 좀 더 침착하고 좀 더 똑똑하게 군다면 후자들은 부모들과 불필요한 전쟁을 치루면서 에너지와 노력을 쓸 필요가 없게 될 것이다.

- lead to ~ing : ~하는 결과를 낳다 (동명사의 의미상 주어가 앞에 들어갔다)
- 동명사의 의미상 주어는 준동사의 주어를 말하는 것이고 동명사의 경우 그 앞에 대명사의 경우 소유격이나 목적격, 명사의 경우 소유격이나 그냥 명사를 써주면 된다. 보통 긴 명사나 접속사로 연결된 명사, 후치수식을 받은 명사는 소유격을 만들지 않는다.

PART 02 · gerund (동명사)

07

Rivers and water courses afford a very convenient and accessible source of supply, and one of the principal reasons for towns in olden times having been established by the banks of rivers is supposed to have been the facility with which, in such a situation, an ample supply of water was secured.

08

He was in a very nervous state by this time, and he pictured the trial, and his trying to explain the circumstances to the jury, and nobody believing him and his being sentenced to twenty years' penal servitude, and his mother dying of a broken heart.

07

강과 수로들은 매우 편하면서 접근이 용이한 수원을 제공한다. 고대 도시들이 제방근처에 세워졌었던 이유들 중 하나는 그런 상황에서 충분한 물공급이 확보되었던 수월성이었던 것으로 추측된다.

- reasons for ~ing : ~하는 것에 대한 이유 (동명사의 의미상 주어가 앞에 들어갔다)
- having pp : 완료동명사 (술어동사에 대한 시점보다 앞서있음을 의미한다)
- having been pp : 완료수동동명사 (시점도 앞서고 수동태임을 의미한다)
- with facility : 수월하게, 용이하게

08

그는 그 무렵 매우 초조한 상태였으며 그 재판과, 배심원들에게 그 상황을 설명하려고 자신이 애쓰는 모습, 그리고 아무도 그를 믿어주지 않는 것과 그가 20년간의 노역형을 선고받는 일, 그리고 그의 어머니가 상심하여 돌아가시는 일을 상상해 보았다.

- picture ~ing : ~하는 일을 상상하다 (동명사의 의미상 주어가 첨가되었다)
- his trying, nobody believing, his being sentenced, his mother dying에서 앞의 명사나 소유격은 모두 동명사의 의미상 주어이다.
- penal servitude : 노역형, 강제노동 징역

PART 02 · gerund (동명사)

09

There is no returning on the road of life. The frail bridge of Time, on which we tread, sinks back into eternity at every step we take. The past is gone from us forever. It is gathered in and garnered. It belongs to us no longer.

10

We cannot study the lives of great men without noticing how often an apparent misfortune was for them an exceedingly fortunate thing.

09

인생길위에서 돌아간다는 것은 불가능하다. 우리가 밟고 가는 시간이라는 연약한 교량은 우리가 걷는 매 발걸음마다 영원속으로 무너져 들어간다. 과거는 우리로부터 영원히 사라진다. 그것은 안에 모여져서 저장된다. 그것은 더 이상 우리에게 귀속된 것이 아니다.

- there is no ~ing : ~하는 것은 불가능하다
- garner : 저장하다, 득점하다, 득표하다
- tread on : 밟고 가다, 밟다

10

우리는 얼마나 자주 명백한 불운이 위인들에게는 대단하게 운이 좋은 일이었는가를 눈여겨 보지 않고는 위대한 사람들의 전기를 연구할 수 없다. (전기를 볼 때마다 눈여겨 보게 된다)

- not ... without ~ing : ~하지 않고는 ~하지 않는다, 즉 할 때마다 반드시 하게 된다
- exceedingly : 지나칠 정도로, 대단하게

PART 03
participle
(분사 및 분사구문)

PART 03 · participle (분사 및 분사구문)

01

If we lie, cheat, and steal, that's news. If we live honestly and morally, we can have an unnoticed but effective influence on people around us.

02

Terry Fox was an 18 year-old teenager when diagnosed with a deadly bone cancer. Shortly after the doctors cut off his leg, he decided to raise money for cancer research. His great plan was to start in the east coast province, and finish at the west coast Vancouver Island. Fox began his challenge by dipping his artificial leg in the Atlantic Ocean. He ran an average of 30 kilometers each day. But after 143 straight days, a severe cough forced the courageous teen to stop. The cancer had spread to his lungs and he could not finish his plans. However, the Canadians have created the Terry Fox Foundation in memory of him and it has helped plenty of cancer patients.

01

만일 우리가 거짓말을 하거나, 속이거나, 훔친다면 그것은 뉴스거리이다. 만일 우리가 정직하고 도덕적으로 산다면 우리는 주변의 사람들에게 눈에 뜨이지는 않지만 효과적인 영향을 끼칠 수 있다.

- unnoticed : 눈에 띠지 않은
- unattended : 보살핌 받지 않은, 내버려 두어진
- unprecedented : 전례가 없는
- unknown : 알려지지 않은
- untied : 묶이지 않은, 풀린
- unbiased : 치우지지 않은

02

Terry Fox가 치명적인 골암판정을 받았을 때 그는 18세의 십대였다. 의사들이 그의 다리를 절단하고 난 직후 그는 암연구를 위한 기금을 모으기로 결심했다. 그의 커다란 계획들은 동부해안지방에서 시작되었고 서부해안 밴쿠버 섬에서 끝날 예정이었다. Fox는 그의 의족을 대서양에 담금으로서 그의 도전을 시작했다. 그는 하루 평균 30 킬로미터를 달렸다. 그러나 143일을 연속달린 후에 심한 기침이 이 용기있는 십대를 멈추게 만들었다. 암이 그의 폐까지 확산되어 그는 그의 계획을 마칠 수가 없었다. 그러나 캐나다인들은 그를 기려서 Terry Fox 재단을 만들었고 그것은 많은 암환자를 도왔다.

- when (he was) diagnosed : be pp에서 수동을 의미하는 pp 분사만 남음
- the cancer had spread to his lungs : had pp
- the Canadians have created : have pp
- it has helped : has pp

PART 03 · participle (분사 및 분사구문)

◎ 과거분사의 역할

1) have, has, had + pp : 현재완료나 과거완료시제를 만든다.

2) be pp, get pp : 타동사의 수동태를 만든다.

3) 접속사 + (주어 + be) pp : 주어와 be 를 생략하고 수동부사절을 만든다.

4) pp + 명사 : 명사를 앞에서 수동수식한다.

5) 명사 + pp : 명사를 뒤에서 수동수식한다.

6) pp, 주어 + 동사 : 수동분사구문으로 사용된다.

7) 주어 + 2형식 동사 + pp : 수동주격보어

8) 주어 + 타동사 + 목적어 + pp : 수동목적격보어

◎ 현재분사의 역할

1) be + ing : 진행시제를 만든다.

2) 2형식동사 + ing : 진행의 의미를 가진 주격보어

3) 5형식동사 + 목적어 + ing : 진행의 의미를 가진 목적보어

4) 명사 + ing : 명사를 뒤에서 능동진행 수식한다.

5) ing + 명사 : 명사를 앞에서 능동진행 수식한다.

6) ing, 주어 + 동사 : 능동분사구문을 만든다.

7) 접속사 + (주어 +be) ing : 주어와 be를 생략하고 진행부사절을 만든다.

MEMO

PART 03 · participle (분사 및 분사구문)

03

Aunt Karen is the mother of two high-spirited young girls. When I called her one morning, our conversation was constantly interrupted by the din of kids screaming and chasing each other. "Could you hold on for a moment?" My aunt finally asked, putting down the phone. Within ten seconds all I could hear was absolute silence.

04

Having eaten his breakfast, he went out to the beach. It was every pleasant to walk along the seashore early in the morning. He stood still, watching fishing boats sailing out of sight.

03

Karen 숙모(고모, 이모)는 활기찬 두 어린 소녀의 어머니이다. 내가 어느 날 아침 그녀에게 전화했을 때 우리의 대화는 고함을 지르고 서로 쫓아다니는 아이들의 소란스런 소리에 의해 계속 방해를 받았다. 그녀는 마침내 전화기를 내려놓으면서 "잠시만 조용히 해줄 수 없겠니?"라고 요청했다. 그 다음 십초 동안 내가 들을 수 있었던 모든 것은 완전한 침묵이었다.

- 수식어 - 명사 ed : 유사분사 (~을 가진)
- be interrupted : 수동태에 사용된 과거분사
- kids screaming and chasing : 명사뒤에서 후치수식하는 능동진행분사 / kids가 동명사의 의미상의 주어로도 해석가능
- putting down the phone : 능동진행분사구문

04

아침식사를 하고 그는 해변으로 나갔다. 이른 아침 해안을 따라 걷는다는 것은 매우 유쾌했다. 그는 눈에서 멀어져가는 어선들을 쳐다보면서 조용히 서 있었다.

- having pp, 주어 + 동사 : 완료분사구문 (주절시점보다 하나 앞서게 해석)
- watching fishing boats sailing out of sight : watching 은 부대상황적 해석이 좋은 분사구문, fishing boats에서 fishing 은 용도의 동명사로 볼 수도 있고 능동진행의 의미를 가지고 명사를 앞에서 꾸미는 분사로 볼 수도 있다. sailing 이하는 앞의 명사를 뒤에서 후치수식하는 능동진행분사이다. / sailing 이하를 watching의 목적보어 분사로 볼 수도 있다.

PART 03 · participle (분사 및 분사구문)

05

Within the context of the overall murder rate, the death penalty cannot be said to be widely or routinely used in the United States ; in recent years the average has been about one execution for about every 700 murders committed, or one execution for about every 325 murder convictions. It is noted that the death penalty is sought and applied more often in some jurisdictions, not only between states but within states. A 2004 Cornell University study showed that while 2.5% of murderers convicted nationwide were sentenced to the death penalty, in Nevada 6 % were given the death penalty. Texas gave only 2 % of murderers the death sentence, less than the national average. Texas, however, executed 40 % of those sentenced, which was about 4 times higher than the national average. California had executed only 1 % of those sentenced. Only 1.4% of those executed since 1976 have been women. African-Americans make up 42% of death row inmates while making up only 12 % of the general population. On the other hand, others note that this is lower than the 50% of the total prison population which is African-Americans and that whites are in fact twice as likely as African Americans to receive the death penalty, and are also executed more quickly after sentencing.

05

총체적인 살인률이라는 상황 속에서, 사형은 미국에서 폭넓게 그리고 일관되게 이용된다고 말해질 수 없다. 최근년도에 평균은 저질러지는 매 700건의 살인 당 대략 한 건의 처형이었거나 대략 325건의 살인범죄 당 한 건의 사형집행이었다. 사형은 주와 주 사이에서 뿐만 아니라 주 안에서도 특정한 사법관할지역에서 더 자주 요구되어지고 적용되어진다. 2004년의 코넬대학에서 시행한 한 연구는 전국적으로 유죄판결 받은 살인자들의 2.5%가 사형언도를 받는 반면 네바다주에서는 6%에게 사형이 주어진다는 것을 보여주었다. 텍사스는 살인자들의 단지 2%에게만 사형을 주었는데 전국 평균을 밑도는 수치이지만 사형언도를 받은 사람들의 40%를 집행했고 그것은 전국평균보다 4배나 높은 비율이었다. 캘리포니아는 사형언도를 받는 자들의 단지 1%만을 집행했었다. 1976년 이후 처형당한 사람들의 1.4%만이 여성이었다. 흑인들은 전체인구의 12%를 차지하는 반면 사형수들의 42%를 차지하고 있다. 반면에 또 다른 이들은 흑인인 전체 수감자의 50%보다는 이 수치가 더 낮다는 점과 백인들이 사실상 흑인들보다 두 배나 더 사형을 받을 가능성이 크고 형의 선고이후 더 빨리 처형된다는 점에도 주목하고 있다.

- within the context of : ~의 상황 내에서
- cannot be said to be used : 술어동사의 수동형과 준동사의 수동형
- has been one execution : 현재완료시제에서 사용된 과거분사 been
- murders committed : 명사 + pp 의 수동후치수식
- it is noted : 술어동사의 수동형
- is sought and applied : 술어동사의 수동형
- murderers convicted nationwide : 명사 + pp 의 수동후치수식
- were sentenced : 술어동사의 수동
- 6% were given the death penalty : 4형식의 술어수동
- those sentenced : 명사 + pp 의 수동후치수식
- were sentenced : 술어동사의 수동

PART 03 · participle (분사 및 분사구문)

- 6% were given the death penalty : 4형식의 술어수동
- those sentenced : 명사 + pp 의 수동후치수식
- have been women : 현재완료시제에서 사용된 과거분사 been
- while making up : 접속사 다음에 주어와 be 동사가 생략된 진행시제의 현재분사
- are also executed : 술어동사의 수동형

MEMO

PART 03 · participle (분사 및 분사구문)

06

When cooled, the solution of collagen and water forms a jellylike mass which has fine adhesive properties. True glues are commonly classified according to their source as either bone, skin, or fish glue.

07

Originally invented to describe the automatic handling of parts between successive stages of production, automation was later defined as the use of machinery to control machinery.

06

식혀졌을 때 콜라겐과 물의 용액은 훌륭한 접착적 성질을 갖는 젤리같은 덩어리를 형성한다. 진정한 접착제는 일반적으로 뼈, 피부, 혹은 생선아교로 그 출처에 따라서 분류되어진다.

- when cooled : 접속사 다음에 주어와 be 동사의 생략 후 남은 수동분사
- are commonly classified : 술어동사의 수동

07

원래 생산이라는 연속적 단계사이에서 부속품들의 자동적인 처리를 묘사하기 위해 고안된 자동화라는 말은 나중에 기계를 통제하기 위한 기계의 이용으로 규정되었다.

- originally invented : 수동분사구문
- was later defined : 술어동사의 수동

PART 03 · participle (분사 및 분사구문)

08

Given a nation divided into two nearly equal portions which hate each other and long to fly at each other's throats, the portion which is just less than half will not submit tamely to the domination of the other portion, nor will the portion which is just more than half show in the moment of victory, the kind of moderation which might heal the breach.

09

But I found a hundred reasons for not making an appointment. Suddenly my calendar was filled up with urgent meetings, trips, lunches, dinners and lectures – all of them engagements too important to break.

08

서로를 미워하고 서로의 목에 달려들기를 갈망하는 두 개의 거의 동등한 비율로 나누어진 한 국가를 상상해본다면 절반 보다 약간 작은 한 지역은 다른 지역의 지배에 순순히 복종하려 하지 않을 것이며 절반보다 약간 더 큰 지역 또한 승리의 순간에 양자 간의 갈등을 치유할지도 모르는 중용을 보여주지 않을 것이다.

- given + 명사, given + that 절 : [만약 무엇을 고려한다면, 가정한다면, 상정한다면] 수동분사구문으로서 if(when) it is given + 명사 구조에서 it은 상황주어이고 if it is given that 절 구조에서 it 은 가주어이다. 분사구문으로 만들면서 접속사가 없어지고 being given에서 최종적으로 given 만 남았다.

09

그러나 나는 약속을 잡지 않는 백 여개의 이유들을 발견했다. 갑자기 나의 수첩일정이 긴급한 회의들, 여행들, 점심식사들, 저녁식사들과 강연들로 가득 채워 졌는데 이 모든 것들은 깨기에는 너무나 중요한 약속들이었다.

- was filled up with : 술어동사의 수동태
- all of them (being) engagements (which were) too important to break : 주어끼리 다른 분사구문으로서 앞의 내용과 동격을 이루며 보어를 남기고 being 이 생략되었고 다시 관계사 주격과 be 동사가 생략되고 형용사구가 뒤에서 후치수식을 하는 구조이다.
- engagement : 공적이거나 업무상의 약속

PART 03 · participle (분사 및 분사구문)

10

Living as many of us have to do in a large modern city, we hardly notice the passing of the seasons or the changing of day and night.

10

우리들 중 많이 이들이 그래야 하듯이 큰 현대식 도시에서 살고 있기 때문에 우리는 계절의 흐름이나 밤낮의 변화를 거의 알아채지 못한다.

- living : 분사구문
- living as 주어 + do : 분사구문의 강조
- living as 주어 + have to do : 분사구문의 강조에 조동사의미 have to 삽입

PART 04
noun clause
(명사절)

PART 04 · noun clause (명사절)

01

We often speak of "global warming" as if it were an established fact, yet there is a good deal of skepticism in the scientific community about whether the data we have reveal anything more than the normal variability of climate.

02

I was a video editor for one of Merrill Lynch's web sites, working with cutting-edge technology. I remember how, when people found I worked for none other than Merrill Lynch, they would immediately recognize such a big name and comment on how great it was that I worked there.

01

우리는 종종 '지구 온난화'가 마치 확인된 사실처럼 그것에 대해 말하지만, 우리가 가지고 있는 데이터가 통상적인 기후의 가변성 이상의 것을 보여 주는지의 여부에 대해 과학계 에서는 많은 회의론이 있다.

- variability : '변환가능성'
- speak of A as if 절(가정법과거시제) : 'A를 마치 ~하듯이 말하다'
- whether 절 : '~인지 아닌지' [전치사 about 의 목적어]

02

나는 쟁쟁한 기술력을 가지고 일하면서, Merrill Lynch's web sites 들 중 하나를 위한 비디오 편집자였다. 나는 사람들이 내가 다름아닌 Merrill Lynch를 위해 일한다는 사실을 알았을 때 어떻게 그런 대단한 회사이름을 즉각적으로 알아보고 또 내가 거기서 일했다는 것이 얼마나 대단한 일인가에 대해 어떻게 즉각적으로 논평했는지가 기억이 난다.

- cutting-edge technology: '최첨단 기술'
- how they would immediately recognize.. : remember의 목적어 명사절
- how great it was.. : 전치사 on 의 목적어인 명사절
- that I worked there : 가주어 it 에 대한 진주어 명사절
- other than = except
- none other than : '다름 아닌'

PART 04 · noun clause (명사절)

03

It had long been something of a mystery where, and on what, the northern fur seals of the eastern Pacific feed during the winter, which they spend off the coast of North America from California to Alaska.

04

Despite the fact that the prime focus has been placed on the role of technology in distance learning, experienced educators insist that technology in itself is not as important as other factors.

03

동태평양 북부의 모피 물개들이 캘리포니아에서 알래스카까지 북아메리카의 연안에서 보내는 겨울 동안, 어디에서 먹이를 먹고, 또 무엇을 먹는지는 오랫동안 다소 불가사의한 것이었었다.

- where the northern fur seals of the eastern Pacific feed : 진주어절
- on what the northern fur seals of the eastern Pacific feed : 진주어절
- feed on : ~을 먹고 살다
- something of a mystery : 수수께끼 같은 일

04

주된 관심은 원거리 학습에 있어서 기술의 역할에 놓여 있다는 사실에도 불구하고 경험 많은 교육자들은 기술은 본질적으로 다른 요인들만큼 중요하지는 않다고 주장한다.

- the fact that 절 : 동격의 that 절
- insist that S +V : 신빙성에 대한 주장
- in itself : '본질적으로'

PART 04 · noun clause (명사절)

05

At the end of the course, he came up to say that the lesson that had struck him most was the importance of showing respect. It had suddenly occurred to him that the reason he was having so much trouble dealing with his teenage son was that he was not showing his son enough respect.

06

But he was having no luck with his sales. The young man had a full beard. He thought it was attractive and different. But what thousands of customer interviews revealed was that his beard was considered eccentric.

05

그 강좌의 마지막부분에서 그는 다가와서 자신에게 가장 큰 충격을 주었던 수업은 존경심을 보여주는 것의 중요성이었다고 말했다. 그가 자신의 십대아들을 다루면서 그토록 많은 애를 먹고 있었던 이유는 그가 자신의 아들에게 충분한 존중감을 보여주지 않고 있었기 때문이다 라는 사실이 갑자기 그에게 떠올랐다.

- to say that 절 : say 의 목적어인 명사절
- that the reason was … : it 가주어에 대한 진주어절
- it occur to 목적어 + that 절 : '누구에게 어떤 생각이 떠오르다'
- was that he was not .. : be 동사의 주격보어 that 절
- have trouble + ing : '~하면서 애를 먹다'

06

하지만 그는 영업에서 운이 따르지 못했다. 그 젊은이는 덥수룩한 수염을 지녔다. 그는 그것이 매력적이고 남들과 구별되는 거라고 생각했다. 하지만 수많은 고객 인터뷰가 밝혀낸 것은 그의 수염은 괴상하게 여겨진다는 사실이었다.

- it was attractive and different : thought 의 목적어인 명사절
- what thousands of customer interviews revealed : 주어절
- was that his beard… : was 동사의 주격보어 that 절
- eccentric : 유별난, 괴짜스러운

PART 04 · noun clause (명사절)

07

Many marketing researchers' work is founded more on the psychology of pricing than on economics of pricing. That is buyers respond to particular prices because of price illusion. One researcher asked respondents to determine which of two price reductions suggested the better deal : When the price was reduced from 93$ to $79 or when the price was reduced from $89 to $75.

08

Your culture maintains an implicit " schedule" for the right time to do many important things; for example, the right time to start dating, to finish college, to buy your own home, or to have a child. This unspoken timetable provides you with a social clock, a schedule that tells you if you're keeping pace with your peers, are ahead of them, or are falling behind.

07

많은 시장조사자들의 일은 가격 책정의 경제적 측면보다는 가격책정의 심리적 측면에 더 많이 기반하고 있다. 즉, 구매자들은 가격 착시 때문에 특정한 가격에 반응을 한다, 한 시장조사 전문가는 응답자들에게 두 가지의 가격할인, 즉 가격이 93달러에서 79달러로 할인될 때와 89달러에서 75달러로 할인될 때의 둘 중에서 어떤 것이 더 나은 거래임을 시사하는지 결정해보도록 요청했다.

- which of two price reductions suggested.. : determine 의 목적어절
- found : '기반하다, 근거를 두다'
- be founded on : '~에 기반하다'
- That is (that) buyers... : be동사의 주격보어절에서 that의 생략

08

당신의 문화는 중요한 일들을 하는 적절한 시기에 대한 함축적인 일정표를 가지고 있다. 예를 들어서 데이트를 시작하는 적기, 대학을 졸업하는 시기, 자신의 집을 사는 시기, 또는 아이들을 갖는 시기. 이 무언의 시간표는 당신이 또래들과 보조를 잘 맞추어 가고 있는지, 앞서고 있는지 또는 뒤처지고 있는지를 말해주는 일정표인 사회적인 시계를 제공해준다.

- if you're keeping pace with.. : tell 동사의 직접목적어절 '인지 아닌지를 말해주다'
- if you're keeping pace with your peers, are ahead of them, or are falling behind. 등위접속사 or이 연결하는 세부분

PART 04 · noun clause (명사절)

09

He is known to have been born in this country, devoted to finding better ways to the summits of Himalayan mountains, but where he is buried after the avalanche is still a mystery, which many climbers wish to know.

10

When faced with things that are too big to sense, we comprehend them by adding knowledge to the experience. The first appearance of a shining star in a darkening evening sky can take you out into the universe if you combine what you see with the twin facts that the star is merely one of the closest of the galaxy's 200 billion stars and that its light began traveling decades ago.

09

히말라야 산맥의 정상을 향한 더 나은 길을 찾는데 전념하였던 그는 이 나라에서 태어났던 것으로 알려졌지만, 눈사태 이후 어디에 그가 묻혀있는지는 여전히 미스터리이고, 많은 등반가들이 그것을 알기를 원한다.

- where he is buried … : 주어로 사용된 명사절
- be devoted to + 명사, ing : ~에 전념하다
- avalanche : 눈사태, 산사태

10

너무나 커서 알아볼 수 없는 것들을 직면할 때, 우리는 경험에다 지식을 덧붙여 그것들을 이해한다, 어두운 저녁 하늘에서 빛나는 별의 첫 모습은, 만약 당신이 보는 것을, 그 별이 단지 은하계의 2천억 개의 별들 중 가장 가까운 별들 중 하나라는 사실, 그리고 그 빛이 수십 년 전에 여행하기 시작했다는 사실과 결합시키면, 당신을 우주 먼 곳까지 데려갈 수 있을 것이다.

- combine A with B : 'A를 B와 결합하다'
- what you see : combine 의 목적어절
- twin facts that 절 and that절 : 동격의 명사절이 등위접속사에 의해 두개가 병렬

PART 04 · noun clause (명사절)

Whether the soul survives death was a matter as to which opinions might differ, but that there is a soul was thought to be indubitable.

11

영혼이 사후에도 남아있는가는, 그에 대해 견해들이 서로 다를 수 있는 그런 문제였으나, 영혼이 존재한다는 사실은 의심할 여지가 없는 것으로 생각되어졌다.

- whether s+v : 주어절
- that there is a soul : 주어절
- as to which : 선행사 matter 를 꾸미는 관계사절
- indubitable : '의심할 바 없는'
- survive + 목적어 : '~을 극복하고 살아남다, ~보다 오래살다'

PART 05
relative clause
(관계사절)

PART 05 · relative clause (관계사절)

01

Happiness is pervasive, and some portion of this pervasiveness results from illusory thinking. Are these illusions doing people any good? Cancer patients are typically referred to hospices in the last few days of their lives, rather than earlier in their illnesses when they could benefit more from hospice care.

02

The wife who was almost unable to move because of old age and illness and in whose kind old face the joys and sufferings of many years had etched a hundred runes, was filled with such gratitude for life that I was touched to the quick.

01

행복은 여기저기에 널려있고 이런 행복의 만연성의 일부는 착각에서 기인한다. 이런 착각들이 사람들에게 득이 되고 있는가? 암환자들이 일반적으로 호스피스(말기환자전용병원)의 보살핌에서 더 많은 이득을 볼 수 있었던 질병의 초창기에 보다는 남은 삶이 며칠밖에 없는 말년에 호스피스들에게 위탁되어진다.

- pervasive : 만연한, 여기저기에 널려있는
- refer A to B : A를 B에게 위탁하다
- hospice : 말기 환자용 병원
- when 관계부사 (부사절로 혼동할 수 있으나 여기서는 earlier를 수식해주는 관계부사)
- B rather than A : A라기 보다는 B

02

늙은 나이와 병 때문에 거의 움직일 수 없었고, 그 친절한 노안 속에 오랜 세월동안 겪은 즐거움과 고통의 경험들이 수 백 개의 이야기로 아로새겨져 있던 그 아내는 삶에 대한 감사로 너무나 가득 차 있어서 나는 순식간에 감동을 받았다.

- in whose kind old face the joys and sufferings of many years had etched a hundred runes : the wife 를 꾸미는 두 번째 관계사절로서 전치사 in 의 목적어가 whose kind old face 이고 주어는 the joys and sufferings of many years 이고 동사는 had etched 이며 그 목적어가 a hundred runes
- rune : 원래 나무나 돌에 새겨진 형태로 주로 발견되는 고대 북유럽 문자 혹은 그것으로 적은 이야기나 시
- etch : 아로새기다
- to the quick : 순식간에

PART 05 · relative clause (관계사절)

03

The names of pitches are associated with particular frequency values. Our current system is called A440 because the note we call "A" that is in the middle of the piano keyboard has been fixed to have a frequency of 440Hz.

04

Oxygen is what it is all about. Ironically, the stuff that gives us life eventually kills it. The ultimate life force lies in tiny cellular factories of energy, called mitochondria, that burn nearly all the oxygen we breathe in

03

음 높이의 명칭은 특정한 진동의 값과 관련이 있다. 우리의 현재 시스템은 A440 이라고 일컫는데 그 이유는 피아노 건반의 한가운데에 있는 우리가 A(La) 라고 부르는 음이 440Hz 의 진동수를 가지도록 정해졌기 때문이다.

- be associated with ~ : 와 관련이 있다
- 연속된 관계사절 해석 : we call 'A' 와 that is in the middle .. 이렇게 두 개의 관계사절이 함께 the note 의 의미를 한정하고 있다.
- frequency : 빈도, 주파수
- note : 음정

04

산소야말로 그것이 관련된 모든 것이다. 역설적이게도 우리에게 생명을 주는 그 물질(산소)은 결국 그것(생명)을 죽인다. 궁극적인 생명의 힘은 우리가 들이 마시는 거의 모든 산소를 태우는 미토콘드리아라고 불리는 에너지의 작은 세포공장들 안에 놓여있다.

- 선행사와 관계사절 사이에 콤마에 의한 삽입구조가 들어갈 경우 계속적 해석이 아니라 제한적 해석이 될 수 있기 때문에 관계사 that 이 가능하다.
- the oxygen we breathe in : 우리가 들이마시는 산소
- 주어 + be + what it is all about : 주어는 그것이 관련된 모든 것이다
  ex) Money is what it is all about : 돈이 그것이 관련된 모든 것이다

PART 05 · relative clause (관계사절)

05

When a company comes out with a new product, its competitors typically go on the defensive, doing whatever they can to reduce the odds that the offering will eat into their sales. Responses might include increasing marketing efforts, offering discounts to channel partners, and even lobbying for regulations that would hinder the rival's expansion.

06

Jason always seemed to have a tough time in classes, except in the ones where he could do something. In the classes in which the teachers just stood and talked, or told everyone to read, he seemed to get bored and restless. But the ones in which he could get up and do things like industrial arts, drama, science projects, or P.E were always his favorites.

05

한 회사가 신제품을 출시할 때 경쟁사들은 일반적으로 방어태세를 취하면서 그 신제품이 그들의 판매를 잠식할 가능성을 줄이기 위해 자신들이 할 수 있는 무슨 일이든지 행한다. 대응에는 마케팅 노력을 증가시키는 일, 유통 체계 협력자에게 할인을 해주는 일, 그리고 심지어 경쟁사의 팽창을 저지할 법규를 위해 로비를 하는 일이 포함될 수 있다.

- whatever (s) +V : ~하는 무엇이든지 (선행사를 포함하는 관계대명사절)
- go on the defensive : 방어태세를 취하다.
- the odds : 가능성, 확률
- responses : 반응, 대책
- regulations : 법규, 규칙
- the odds that 절 : 관계사절이 아니라 동격의 명사절이니 착각하지 말 것
- regulations that would… : 관계사 주격이 사용된 절

06

제이슨은 그가 무언가를 할 수 있는 수업에서를 제외하고는 수업시간에 항상 힘들어 했던 것처럼 보였다. 교사들이 단지 서서 말하거나 모든 사람에게 읽으라고 지시했던 수업에서 그는 지루해지고 집중을 못하는 것처럼 보였다. 그러나 그가 일어나서 공예, 드라마, 과학 프로젝트, 체육 같이 무언가를 할 수 있었던 수업은 항상 그가 제일 좋아하는 것이었다.

- tell +o+ to VR : ~o에게 ~하도록 말하다.
- P.E=(physical education) : 체육
- the ones where … : 관계부사 where가 사용된 관계사절
- the classes in which : in which 가 장소의 부사구로 사용된 관계사절

PART 05 · relative clause (관계사절)

07

A medical study found that children aged six to eleven who had been enrolled at large daycare centers as toddlers had about one-third as many colds as children who had stayed home as toddlers.

08

There are sometimes those employees who rather than report something to their superiors when they have made an error will let it slide by in fear of losing their job.

07

한 의학 연구는 걸음마 시기에 큰 보육원에 다녔던 6~11세의 어린이들이 감기 걸리는 횟수가 같은 시기에 집에 머물렀던 어린이들의 3분의1 정도인 것을 발견했다.

- 선행사와 관계대명사의 분리 : children 이 선행사, who had been 이하가 관계사절
- as toddlers : as 는 자격이나 시기를 의미하는 전치사
- one third as many colds as : 배수사, 분수 + 원급비교

08

때때로 잘못을 할 때 그들의 직업을 잃는 것을 두려워 상사에게 보고하기 보다는 슬쩍 넘겨버리는 직원들이 있다.

- who rather than report... : 관계사주격 다음에 부사구를 먼저 삽입하고 술어는 뒤로 보낸 구조
- slide by : 슬쩍 지나가다
- superior : 상사, 상관
- in fear of + ing : ~할까 두려워서

PART 05 · relative clause (관계사절)

09

Recently, a bill was introduced that classifies a number of popular nutritional supplements, a few of which I take for my health, as controlled substances. The bill represents disregard for the meaning and purpose of the controlled substance act, which was designed to protect the public from illegal drugs, not from vitamins, herbs, and minerals whose use goes back to ancient times.

10

A bacterial virus infects a cell by attaching to the cell and inserting its viral genes into the cell. Either the viral genetic material can take over the cell's activity to make it produce many new viral particles, called virions, or it can become part of the host cell's genes, in which case it will be duplicated along with the genes, so that when the cell divides, both new cells will carry the viral genes.

09

최근 인기 있는 영양 보조제를 통제 물질로 분류하는 법안이 제출되었는데, 그 중 몇 가지는 내가 건강을 위해 복용하고 있는 것들이기도 하다. 해당 법안은 통제 물질 법률의 의미와 목적을 무시하고 있는데, 사실 통제 물질 법안은 그 사용이 고대로까지 거슬러 올라가는 비타민, 허브, 그리고 미네랄로부터가 아니라 불법적인 마약으로부터 대중을 보호하기 위해 만들어진 것이다.

- a bill .... that classifies : 선행사와 관계대명사의 분리
- a few of which : take 의 목적격 관계대명사
- whose use : 관계사절의 주어
- A , not B : B가 아니라 A
- classify A as B : A 를 B 로 분류하다.
- disregard : 무시, 무관심

10

세균성 바이러스는 세포에 들러붙어 자신의 바이러스 유전 인자를 그 세포 내에 삽입함으로써 세포를 감염시킨다. 바이러스의 유전 물질은 그 세포의 활동을 이어받아 그 세포가 비리온이라 불리는 많은 수의 새로운 바이러스 입자를 만들어 내게 하거나 숙주 세포 유전 인자들의 일부가 될 수 있는데, 그렇게 되는 경우에는 그것이 그 유전 인자와 함께 복제되어 그 세포가 분열될 때는 새로운 세포들이 둘 다 그 바이러스의 유전 인자를 지니게 될 것이다.

- in which case : 앞의 사실을 계속적으로 연결하는 부사적 용법, 선행사의 내용을 뒤에서 구체화하는데 사용하는 것이 which + 명사 의 역할
- take over : 이어받다
- duplicate : 복제하다

PART 05 · relative clause (관계사절)

11

For my part, I do not believe that any man can see softer skies than I see in Prue's eyes; nor hear sweeter music than I hear in Prue's voice; nor find a more heaven- lighted temple than I know Prue's mind to be.

12

Every adversity carries with it the seed of an equivalent or greater benefit. Collect your thoughts whenever you suffer a setback and ask yourself what possible good can be extracted from your misfortune.

11

나로서는 어떤 사람도 내가 Prue의 눈에서 보는 것보다 더 부드러운 하늘을 볼 수 있다고 믿지 않는다. 또한 나로서는 어떤 사람도 내가 Prue의 목소리에서 듣는 것보다 더 감미로운 소리를 들을 수 있다고도 믿지 않는다. 또한 나로서는 어떤 사람도 내가 알고 있는 Prue의 마음보다 더 하늘처럼 빛나는 성전을 찾을 수 있다고도 믿지 않는다 .

- 유사 관계대명사 than : 선행사가 모두 비교급의 수식을 받고 있다. 해석은 '~보다 더'
- softer skies than, sweeter music than, a more heaven lighted temple than : 선행사가 모두 비교급에 의해 수식을 받을 경우 관계대명사는 than을 사용한다.

12

모든 역경은 그 역경과 같거나 더 큰 이익의 씨앗을 가지고 다닌다. 패배를 겪을 때마다 생각을 정리하고, 어떤 가능한 이익이 당신의 불행으로부터 추출될 수 있는가를 자문하라.

- what possible good can be extracted from your misfortune : ask의 직접목적어
- equivalent : 동등한 , 같은 양의
- setback : 패배, 좌절
- carries 의 목적어는 the seed : 타동사 + 목적어 a + 전치사 + 목적어 b 의 어순에서 타동사의 목적어가 수식어에 의해 길어질 경우 전치사의 목적어 뒤로 도치시킨다.

PART 06
comparison
(비교구문)

PART 06 · comparison (비교구문)

01

An Englishman feels more at home in his own house than an American does, first because he is by all the inmates recognized as the absolute master there. He leaves it later in the morning, returns to it earlier in the day, and gives more of himself to it than does an American.

02

Stars vary in density. The range of density is, in fact, surprising. At one extreme are gigantic bubbles of gas composed of particles so far apart that such stars have a density of one-thousands as dense as the air we breathe. At the opposite extreme are stars so dense that if a cubic foot of their material were brought to Earth, it would weigh as much as ten large locomotives.

01

우선적으로 영국인은 자신의 가족들에 의해 가정의 절대적 주인으로 인정되기 때문에 미국인보다 자신의 집에서 더욱 편하게 느낀다. 그는 아침에 집에서 늦게 나서고, 오후에는 일찍 귀가하며, 미국인보다 더 많은 자신의 부분을 가정에 바친다.

- feel at home : 편하게 느끼다
- more of himself : 자신의 더 많은 부분
- inmates : 실내에서 같이 생활하는 사람, 가족, 동료 수감자
- than does an American : than 뒤에서 의문문 구조로 도치

02

별들은 밀도가 매우 다양하다. 사실 밀도의 범주는 놀랍다. 한쪽 극단에서는 우리가 숨쉬는 공기의 천분의 일의 밀도를 가질 정도로 매우 떨어져 있는 입자들로 이루어진 거대한 개스거품(항성)들이 있다. 그 반대쪽 극단에서는 만약 그별의 1 입방 피트의 물질을 지구에 가져온다면 그것이 10대의 커다란 기관차의 무게가 나갈 정도로 밀도가 높은 항성들이 있다.

- 배수사, 분수 + as ...... as : 차이가 나는 비교에서 사용
  twice as .... as / two fold as .... as / two times as.....as
- as much again : 두 배를 의미함
- as much as : 많은 양을 비교할 때 사용, as much as 100 tons
- as many as : 많은 수를 비교할 때 사용, as many as 20 people
- as little as : 적은 양을 비교할 때 사용, as little as five dollars
- as few as : 적은 수를 비교할 때 사용, as few as five cars

PART 06 · comparison (비교구문)

- as back as + 과거시점, as back as 200 B.C.
- as recently as + 과거시점, as recently as 10 years ago
- as late as + 과거시점, as late as the 1990s
- as early as + 시점, as early as the Civil War in America
- as long as + 길이, 시간길이, as long as 30 years

MEMO

PART 06 · comparison (비교구문)

03

A study found that men who ate red meat as a main dish five or more times per week were 2.6 times as likely to suffer advanced prostate cancer as men who ate red meat only once a week or less.

04

The loveliness of spring stirs us the more deeply because we know it is fading even as we look at it. It is not that the thought of universal mortality gives us pleasure, but that we embrace the pleasure all the more closely because we know it cannot be ours for long.

03

한 연구는 주당 5회 이상 붉은 고기를 주식으로 먹는 사람들이 일주일에 한 번 이하로 먹는 사람들에 비해 전립선암에 걸릴 가능성이 2.6배라는 것을 밝혀 냈다.

- 배수사 + as..... as
- be likely to : '~할 가능성이 크다'
- 배수 or more / 배수 or less : 몇 배 이상 혹은 몇 배 이하
- prostate cancer : 전립선암

04

봄의 아름다움은 우리가 그것을 쳐다보고 있을 때조차도 그것이 사라져간다는 것을 우리가 알기에 더욱 깊이 우리를 감동시킨다. 보편적 생명의 유한성이라는 생각이 우리에게 즐거움을 주기 때문이 아니라 봄이 오래 동안 우리의 것이 될 수 없다는 것을 우리가 알기에, 우리는 더욱더 가까이 그 즐거움을 끌어안게 되는 것이다.

- (all, so much) the + 비교급 + 원인, 이유의 부사상당어 : '~하기에 더욱 더 ~하다'
- it is not that...it cannot be ours for long (that the loveliness of spring stirs us)
  it is not that A but that B 구조에서 that은 because의 대용어
- stir : 휘젓다, 싱숭생숭하게 하다, 감동시키다
- mortallity : 생명의 유한함

PART 06 · comparison (비교구문)

05

All objects attract one another by the force of gravity. The more matter a body contains, the greater force it exerts on surrounding objects ; and, again, the nearer together two objects are, the greater force they exert on one another.

06

Happiness and success in life depend on good health more than any other single thing. When a man lives in a district where there are few trees, and where there is little fresh air and grass, he is subject to many diseases.

05

모든 물체들은 중력의 힘으로 서로를 당긴다. 하나의 물체가 더 많은 물질을 가지고 있을수록 그것은 주변의 물체들에게 더 큰 힘을 발휘한다. 그리고 또한 두 물체가 서로 가까울수록 그것들이 서로에게 행사하는 힘은 더 커진다.

- the + 비교급, + the + 비교급 : '~할수록 ~하다'
- exert + 목적어 : '~을 행사하다, 발휘하다'

06

인생에서 행복과 성공은 다른 어떤 하나의 것에 보다 건강에 더 달려있다. 나무가 거의 없거나 신선한 공기와 풀이 거의 없는 곳에서 한 사람이 살 때 그는 많은 질병에 걸린다.

- 비교급 + than any other : '다른 어떤 것 보다 더'
- be subject to : '~지배나 영향을 받다'

PART 06 · comparison (비교구문)

07

Few men have ever come to high office in the United States, so unprepared politically as was Woodrow Wilson, but none ever showed a firmer grasp of the problems of statesmanship with which he had to cope, or a shrewder understanding of the game of politics which he was to play.

08

There is nothing so degrading as the constant anxiety about one's means of livelihood. I have nothing but contempt for the people who despise money. They are hypocrites or fools. Money is like a sixth sense without which you cannot make a complete use of the other five.

07

Woodrow Wilson 만큼 정치적으로 준비가 안 된 상태로 미국의 고위공직에 오른 사람은 거의 없지만 그가 대처해야 했던 정치적 문제들에 대해 그보다 더 확실한 이해를 보여준 사람도, 그가 해야 했던 정치적 행위에 대해 그보다 더 빈틈없는 이해력을 보여준 사람도 없었다.

- 부정어 + so 형용사, 부사 as : 부정문에서는 as... as 보다는 so... as 를 선호한다.
- no, none + 비교급 + than : 최상급의 의미를 가진다.
- 비교급 다음에서 than 이하를 생략할 수 있다.
- shrewd : '빈틈없는, 영리한'
- cope with : '대처하다'
- office : '공직'
- firm : '확실한'
- grasp : '이해, 이해하다, 단단히 쥐다'
- statesmanship : '정치적 수완'

08

생계수단에 대한 지속적인 걱정만큼 사람을 비참하게 만드는 것은 없다. 나는 돈을 경멸하는 사람들에 대해서 오로지 경멸만을 가지고 있다. 그들은 위선자들 아니면 바보들이다. 돈이란, 그것이 없으면 오감을 완전히 이용하지 못하게 하는 여섯 번째 감각인 것이다.

- no A so B as C : 'C만큼 B한 A는 없다'
- nothing but : 전치사 but 의 의미로 활용, '~를 제외하고는 아무것도 아닌 즉 오로지 ~인'
- hypocrite : 위선자

PART 06 · comparison (비교구문)

09

A scholar of the old days could hardly get sight of more than a few thousand books. Now one can get to London or Paris in a few hours, and see millions for the mere asking. We can now do, or see, or hear, in twelve hours, what it took our ancestors as many months to do, or to see, or to hear.

10

He was a man as brilliant and courageous as any the revolution has ever produced in France.

09

옛날 학자는 수천권이상이 되는 책은 볼 수 없었다. 오늘날은 누구라도 수 시간 만에 런던이나 파리에 당도해서 단지 요청만으로도 수 백만권을 볼 수 있다. 우리는 선조들이 12개월이 걸려서 하고, 보고, 들을 수 있었던 것을 12시간에 하고, 보고, 들을 수 있다.

- as many + 복수명사 : 앞에서 거론된 수와 동일한 수의 명사를 지칭하는 표현
- more than : over 의 개념으로 상회한다는 의미이다
- for the mere + ing : 단지 어떤 행위만으로도 라는 의미
- get sight of : 보다

10

그는 혁명이 프랑스에서 배출해 낸 누구 못지 않게 총명하고 용감한 사람이었다.

- as..... as any : 누구 못지 않게 ~한, 무엇 못지 않게 ~한

PART 06 · comparison (비교구문)

11

Some expect to find happiness in money, some in fame, some in the gratification of their ambition, in the attainment of a certain position or object, but when they get the thing that was going to make them happy, they find happiness just as far as ever.

11

일부사람들은 돈에서, 어떤 사람들은 명성에서, 어떤 사람들은 야망의 충족이나, 특정한 직위 혹은 목적의 달성에서 행복을 찾는다. 그러나 그들을 행복하게 만들어 줄 것을 얻었을 때 행복이 어떤 때보다 더 멀리 있다는 것을 알게 된다.

- as .... as ever : 매우 ~한, ~하게 / 여전히 ~한, ~하게
- gratification : 충족
- attain : 달성하다

PART 07
conjunction
(등위접속사)

PART 07 · conjunction (등위접속사)

01

It is a story of a man, not of an invented, or possible, or idealized, or otherwise absent figure, but of a unique being of flesh and blood.

02

I do not consider myself less ignorant than most people. I have been and still am a seeker, but I have ceased to question stars and books; I have begun to listen to the teachings my blood whispers to me. My story is not a pleasant one; it is neither sweet nor harmonious, as invented stories are; it has the taste of nonsense and chaos, of madness and dreams – like the lives of all men who stop deceiving themselves.

01

이것은 고안되어진 혹은 가능한 혹은 이상화된 혹은 그것도 아니면 존재하지 않는 인물의 이야기가 아니라 살과 피가 있는 한 특정한 존재인 한 남자의 이야기이다.

- not A but B : 'A가 아니고 B이다'
- or otherwise : '혹은 그렇지 않다면'
- being of flesh and blood : '살과 피를 가진 존재'

02

나는 내 자신을 대부분의 사람들보다 덜 무지하다고 여기지 않는다. 나는 지금까지도 그리고 여전히 지금도 구도자이지만 별들이나 책들에게 (내 갈 길을) 묻는 것은 그만두었다. 나는 내 피가 나에게 속삭이는 가르침을 귀담아 듣기 시작했다. 내 이야기는 유쾌한 종류는 아니다. 그것은 지어낸 이야기처럼 달콤하거나 조화롭지도 않다. 그것은 자신을 속이기를 그만 둔 모든 사람들의 삶처럼 상식 밖의 혼돈의 맛, 광기와 꿈들의 맛을 가지고 있다.

- have been and still am
- stars and books
- not A but B 의 대용 : not A ; B
- neither A nor B : A도 아니고 B도 아니다
- nonsense and chaos
- madness and dreams
- seeker : 진리를 찾아 헤매는 사람, 구도자
- cease to 부정사 : '~하는 것을 멈추다'
- as invented stories are : as 절이 긍정문일 때 부정어가 사용된 주절과의 해석 주의
- stop + ing : '~하는 것을 그만두다'

PART 07 · conjunction (등위접속사)

03

The sweetness of many things from that time still stirs and touches me with melancholy : dark and well-lighted alleys, houses and towers, chimes and faces, rooms rich and comfortable, warm and relaxed, rooms pregnant with secrets. Everything bears the scent of warm intimacy, servant girls, household remedies, and dried fruits.

03

그 시절의 많은 것들이 주는 달콤함은 아직도 슬픈 느낌으로 나를 동요시키고 흔들어 놓고 있다. 어두운 골목길들 그리고 밝게 불 켜진 골목길들, 집들과 탑들, 교회의 종소리와 얼굴들, 풍요롭고 편한, 따뜻하고 안락한 방들, 비밀들로 가득한 방들이 바로 그런 것들이다. 모든 것이 따뜻한 친밀성, 하녀들, 민간요법들, 말린 과일들의 향기를 띠고 있다.

- stirs and touches
- dark and well-lighted
- houses and towers
- chimes and faces
- rich and comfortable
- warm and relaxed
- warm intimacy, servant girls, household remedies, and dried fruits
- rooms (which are) pregnant with ..
- rooms (which are) warm and comfortable, warm and relaxed

PART 07 · conjunction (등위접속사)

04

This was the world in which morning hymns were sung and Christmas celebrated. Straight lines and paths led into the future. There were duty and guilt, bad conscience and confession, forgiveness and good resolutions, love, reverence, wisdom and the words of the Bible. If one wanted an unsullied and orderly life, one made sure one was in league with this world.

04

이곳은 아침 찬송가가 불러지고 성탄절이 기념되는 그런 세계였다. 직선과 똑바른 길이 미래로 이끌었다. 의무와 죄의식, 죄책감과 고백, 용서와 좋은 해결들, 사랑, 존경, 지혜와 성경말씀들이 있었다. 만약 누구라도 구김 없고 똑바른 삶을 원한다면 이런 세계와 조화를 이루도록 신경을 썼다.

- hymn : 찬송가
- guilt : 죄의식
- bad conscience : 양심의 가책
- revere : 존경하다
- sully : 더럽히다, 훼손하다, 구기다
- orderly : 질서 있는, 똑바른
- make sure + 절 : 확실히 하다, 신경 쓰다
- be in league with : ~와 조화를 이루다
- morning hymns were sung and Christmas (was) celebrated
- lines and paths
- duty and guilt, bad conscience and confession, forgiveness and good resolutions, love, reverence, wisdom and the words of the Bible

PART 07 · conjunction (등위접속사)

05

The other realm, however, overlapping half our house, was completely different; it smelled different, spoke a different language, promised and demanded different things. This second world contained servant girls and workmen, ghost stories, rumors of scandal. It was dominated by a loud mixture of horrendous, intriguing, frightful, mysterious things, including slaughterhouses and prisons, drunkards and screeching fishwives, calving cows, horses sinking to their death, tales of robberies, murderers, and suicides. All these wild and cruel, attractive and hideous things surrounded us, could be found in the next alley, the next house. Policemen and tramps, drunkards who beat their wives, droves of young girls pouring out of factories at nights, old women who put the hex on you so that you fell ill, thieves hiding in the forest, arsonists nabbed by country police – everywhere this second vigorous world erupted and gave off its scent, everywhere, that is, except in our parents rooms.

05

그러나 두 번째 세계는 우리 집을 절반 정도 덮고 있었는데 완전히 다른 것이었다. 그것은 다른 냄새가 났으며 다른 언어를 사용했고 다른 것들을 약속했고 요구했다. 이 두 번째 세계는 하녀들과 일꾼들, 유령이야기와 추문들을 담고 있었다. 그것은 도살장과 감옥, 술주정뱅이와 거친 여자들, 송아지를 낳는 암소, 쓰러져 죽어가는 말들, 도적들, 살인자들, 그리고 자살사건에 대한 이야기들과 같이 끔찍하지만 흥미롭고, 무섭지만 신기한 것들의 야단스러운 혼합에 의해 지배되었다. 이 모든 거칠고 잔인하며, 매력적이고 끔찍한 것들이 우리를 둘러싸고 있었고 바로 옆 골목이나 옆집에서 발견할 수 있었다. 경찰들과 부랑자들, 아내를 구타하는 주정뱅이들, 밤이면 공장에서 쏟아져 나오는 처녀들의 무리들, 주문을 걸어서 사람을 병들게 하는 노파들, 숲 속에 숨어있는 도적들, 경찰에게 덜미를 잡힌 방화범들 – 모든 곳에서 이 두 번째의 활력적인 세계가 불쑥 대며 나타나 그 냄새를 풍겼다. 부모님의 방을 제외한 모든 곳에서 말이다.

- overlap : 겹치다
- smelled different, spoke a different language, promised and demanded different things
- servant girls and workmen, ghost stories, rumors of scandal
- horrendous, intriguing, frightful, mysterious
- slaughterhouses and prisons, drunkards and screeching fishwives, calving cows, horses sinking to their death, tales of robberies, murderers and suicides
- wild and cruel, attractive and hideous
- erupted and gave off its scent

PART 07 · conjunction (등위접속사)

06

A number of hens living together very soon establish a definite social order. This is decided when pairs of the hens first meet. Either they fight and one bird wins, or one dominates the other without having to fight, the second bird submitting passively. Thus there is either a physical victory or a psychological one.

07

I have acquired now a certain confidence in my own judgement, for I have noticed that what I felt instinctively forty years ago about the writers I read then and what I would not heed because it did not agree with current opinion, is now pretty generally accepted.

06

같이 사는 많은 암탉들이 명백한 사회적 질서를 금방 세운다. 여러 쌍의 암탉들이 처음 만나면 이것이 결정된다. 서로 싸워서 한 마리가 이기거나 혹은 싸울 필요가 없이 하나가 다른 놈을 지배하게 되며 지는 놈은 수동적으로 굴복한다. 그 결과 심리적 승리나 육체적 승리 둘 중 하나가 있게 된다.

- either they fight and one bird wins or one dominates the other without having to fight, the second bird submitting passively.
- there is either a physical victory or a psychological one.
- submit : '굴복하다'
- submit to + 명사 : '~에 굴복하다'
- submit + 명사 : '~을 제출하다'

07

이제 나는 내 자신의 판단에서 상당한 자신감을 얻었다. 왜냐하면 40년 전에 내가 읽었던 작가들에 대해 본능적으로 느꼈던 것과 그 당시의 의견에 그것이 들어맞지 않아서 내가 주목하지 않으려 했던 것이 이제는 일반적으로 수용된다는 것을 내가 인식했기 때문이다.

- what I felt instinctively forty years ago about the writers I read then and what I would not heed because it did not agree with current opinion
- heed : 주목하다
- for + 절 = because + 절

PART 07 · conjunction (등위접속사)

08

Every solid object will reflect a sound, varying according to the size and nature of the object. A shoal of fish will do this. So it is a comparatively simple step from locating the sea bottom to locating a shoal of fish. With experience, and with improved apparatus, it is now possible not only to locate a shoal but to tell if it is herring, cod, or other well known fish, by the pattern of its echo sound.

09

Literary critics blame journalism for not being literary enough, historians for lacking historical accuracy, lawyers for not arranging facts by the rules of evidence.

08

모든 고체들은 그 크기와 성질에 따라 다양하게 소리를 반사한다. 물고기 떼도 소리를 반사한다. 그러므로 바다 바닥의 위치를 파악하는 것부터 물고기 떼의 위치를 파악하는 것에 이르기까지 이것은 상대적으로 간단한 과정이다. 경험과 발전된 장비가 있어서 어족의 위치파악뿐 아니라 그것이 청어인지, 대구인지 혹은 다른 잘 알려진 물고기 인지를 그 메아리소리의 패턴으로 구별하는 것이 가능하다.

- size and nature
- with experience and with improved apparatus
- not only to locate... but(also) to tell...
- herring, cod, or other well known fish
- apparatus : 장비, 장치, 도구
- shoal : 떼, 무리
- herring : 청어
- cod : 대구

09

문학 비평가들은 언론이 충분히 문학적이지 못하다고 비난하고 역사가들은 역사적 정확성이 결여되어 있다고, 법률가들은 증거의 법칙에 따라 사실들을 나열하지 못한다고 언론을 비난한다.

- 술어동사 blame journalism 이 공통으로 생략되어 있다

PART 07 · conjunction (등위접속사)

10

It is of utmost importance to be able to decide wisely not only whom you can trust, and whom you cannot ; but how far, and in what, you can trust them. This is by no means easy.

10

당신이 누구를 믿을 수 있는지 누구는 믿을 수 없는지 뿐만 아니라 어느 정도까지 그리고 어떤 점에서 당신이 그들을 믿을 수 있는지를 현명하게 결정하는 것은 매우 중요하다. 이것은 결코 쉬운 일이 아니다.

- not only A but also B
- of importance = important
- utmost : 최고의
- by no means = never

PART 08
lengthy subject (긴 주어)

PART 08 · lengthy subject (긴 주어)

01

Just as having to get the good grades to please your parents did not instill a love of reading, having to succeed to attain the approval of someone else will not make you enjoy the process. To succeed, not just in the outcome but in the process, you need to invest the effort for yourself, not to win approval from others.

02

Whether it is at an actual match or in a bar, at crucial periods in a game, people tend to make gestures in anticipation, or cheer in exhortation. They often want to convey their sense of urgency to the team, or people at the bar may want to show their disgust to others in the crowd. But they express themselves in this manner without any thought for what others think or how they may respond. Actions we perform through which we intend to express our feelings, thoughts, and attitudes need not have any communicative intent for how others may respond.

01

부모님을 기쁘게 해드리기 위해 좋은 점수를 받아야 했던 것이 독서에 대한 사랑을 심어 주지 않았던 것처럼 누군가 다른 사람의 인정을 받기 위해 성공해야 하는 것은 당신이 그 과정을 즐기도록 해 주지 않을 것이다. 결과에서뿐만이 아니라 과정에서도 성공하기 위해서는, 다른 사람들로부터 인정을 얻어야 하는 것이 아니라 자기 자신에 대한 노력을 투자할 필요가 있다.

- 동명사 주어 (having to VR)
- instill : '심다'
- not just A but B : 'A뿐만 아니라 B도'
- A , not B : 'B가 아니라 A'
- for oneself : '스스로를 위해서'

02

실제의 경기에서이건 혹은 술집에서이건, 한 경기의 중요한 순간들에서 사람들은 기대감으로 몸짓을 하거나 간곡한 희망으로 환호를 하는 경향이 있다. 그들은 그들의 긴박한 느낌을 팀에게 전달하기를 원하거나 술집에 있는 사람들은 군중 속에 있는 다른 이들에게 경멸을 보여주고 싶어한다. 그러나 그들은 타인들이 무엇을 생각하는지 혹은 타인들이 어떻게 반응할지에 대해서는 아무런 생각도 없이 이런 식으로 스스로를 표현하는 것이다. 우리가 감정들, 생각들, 그리고 태도들을 표현하고자 행하는 행동들은 타인들이 어떻게 반응할지에 대해서 어떤 소통적 의도를 반드시 가질 필요는 없는 것이다.

- actions we perform through which... 연속된 관계사절로 수식받는 길어진 주어
- exhortation : '간곡한 권고, 장려, 훈수'

PART 08 · lengthy subject (긴 주어)

03

The nearby Ocoee was among the most paddled rivers in the country and six major climbing sites sprang up within an hour's drive of city limits. But in spite of this boundless outdoors potential, there remained the problem of Chattanooga proper, a post-industrial wasteland that made the city the kind of place you would visit but would never want to live in.

04

It needs considerable imagination today to realize how difficult it was for anyone interested in music at the beginning of the century to follow up that interest.

03

근처에 있는 Ocoee는 그 지역에서 사람들이 가장 많이 노를 저었던 강들 중 하나가 되었고, 여섯 개의 주요 등반 장소들이 도시 경계에서 차로 한 시간 이내의 거리에서 우후죽순처럼 생겼다. 그러나 이런 야외 활동의 무한한 잠재력에도 불구하고, 그 도시를, 방문 하기는 하지만 결코 살고 싶지는 않은 그러한 종류의 장소로 만들었던 산업화 후의 황폐한 지역, 즉 (망가진) Chattanooga 본토라는 문제점이 남게 되었다.

- there 유도부사 뒤에 자동사가 오고 그 뒤에 주어가 동격명사로 길게 오는 경우
- paddle : '노를 젓다'
- spring up : '불쑥 솟아나다, 우후죽순처럼 생기다'
- 명사 + proper : '엄밀한 의미의'

04

그 세기의 초반에 음악에 관심 있는 사람들이 그러한 (음악에 대한) 관심을 계속 추구하는 것이 얼마나 힘든 것이었는지를 깨닫는 다는 것은 오늘날 상당한 상상력을 필요로 한다.

- 가주어(it) 진주어 (toVR)
- follow up : '끝까지 추구하다'

PART 08 · lengthy subject (긴 주어)

05

Everywhere in the world, the issue of how to manage urban growth poses the highest stakes, complex policy decision, and strongly heated conflicts in the public area. In western Europe, high gasoline taxes, investment policies favoring built-up areas over undeveloped green field, continuous investment in public transportation, and other policies have produced relatively compact cities.

06

Such attitudes serve both children and society badly. Only those with no recollection of the childhood cruelties of the playground or the sports changing room can entertain the illusion that children are unsullied by the rougher ways of the world. The attempt to protect children from every source of harm or danger will create a generation of young people incapable of looking after themselves or others.

05

세계 도처에서 도시 성장을 관리하는 방법이라는 문제는 공공 영역에서 가장 높은 위험 부담과, 복잡한 정책 결정과, 엄청나게 뜨거워진 갈등을 제기한다. 서유럽에서는 엄청난 유류세, 미개발 초지보다 건물이 들어찬 지역을 선호하는 투자정책, 대중교통에 대한 지속적인 투자, 그리고 또 다른 정책들이 상대적으로 조밀한 도시를 만들어 냈다.

- 등위 접속사에 의한 병렬구조로 길어진 주어부
- stake : '위험'
- pose : '문제, 위험, 위협 등을 제기하다'
- built-up area : '시가지'

06

그런 태도들은 아이들과 사회에 둘 다 나쁘게 작용한다. 운동장이나 체육관 탈의실에서 유년 시절의 괴롭힘을 당한 기억이 없는 사람들만이 아이들이 세상의 더 거친 방식들에 의해 훼손되지 않았다는 환상을 품을 수 있다. 모든 해악과 위험의 근원으로부터 아이들을 보호하려는 시도는 스스로나 타인들을 돌 볼 능력이 없는 세대를 만들어낼 것이다.

- those + 후치수식 구조로 길어진 주어부
- illusion + that 절 : 동격의 명사절
- young people(who are) incapable of v-ing : 형용사구에 의한 후치수식

PART 08 · lengthy subject (긴 주어)

07

The biological clock is an intrinsic mechanism, which controls the rhythm of various metabolic activities of plants and animals. Some rhythms have a 24-hour, day-night cycle called the circadian rhythm. This day-night cycle first found in plants over 250 years ago and existing in virtually all species of plants and animals regulates these organisms' metabolic functions – plants opening and closing their petals or leaves, changes in human body temperature, blood sugar and blood pressure levels, and sleep cycles.

08

Feeling listless, anxious, or depressed is a signal that we need some time to recover. Such an emotional signal can be ignored or suppressed with a drug. Taking in some caffeine for a 3 p.m energy boost may be fine, but regularly relying on caffeine to stay awake because we only get three or four hours of sleep is physically and psychologically unhealthy.

07

생물학적 시계는 타고난 기제인데 그것은 식물과 동물의 다양한 대사활동들의 리듬을 통제한다. 어떤 리듬들은 24시간 주기로 일컫는 밤과 낮의 순환기를 가진다. 이 주기는 약 250년 전에 최초로 발견되었고 실질적으로 모든 식물과 동물 종에게 존재하는데, 식물의 꽃잎이나 잎사귀들의 개폐, 인간체온의 변화들, 혈당과 혈압수준 그리고 수면주기와 같은 이런 생물체들의 대사기능들을 조절한다.

- and로 연결된 두 개의 분사구로 수식을 받아서 길어진 주어
- intrinsic : '타고난, 고유의, 본질적인'
- metabolic : '신진대사의'
- organisms : '유기체'

08

무기력하거나, 초조하거나, 혹은 침울하다고 느끼는 것은 우리가 회복할 시간이 좀 필요하다는 신호이다. 그런 감정적 신호는 약으로 무시되거나 억제될 수도 있다. 오후 3시의 에너지 충전을 위해 약간의 카페인을 복용하는 것은 괜찮을지 모르지만 3,4시간 잠을 자기 때문에 깨어있기 위해 카페인에 규칙적으로 의존하는 것은 신체적으로나 심리적으로 건강하지 못하다.

- 동명사와 부가정보로 인해 길어진 주어
- listless : '무기력한, 냉담한'
- take in : '섭취하다'
- suppress : '억제하다, 참다'
- stay awake : '잠깨어 있다'

PART 08 · lengthy subject (긴 주어)

09

Someone who reads only newspapers and books by contemporary authors look to me like a near-sighted person. He is completely dependent on the prejudices of his times. And what a person thinks on his own without being stimulated by the thoughts and experiences of other people is at best insignificant and monotonous.

10

It is true that as a social organization moves from the simple to the complex, so does the organization through which it educates its children.

09

현대 작가가 쓴 신문과 책들만 보는 사람은 나에게는 근시안적인 사람으로 보인다. 그 사람은 그가 살아있는 시대의 편견에 완전히 사로 잡혀 있는 것이다. 또한 다른 사람의 생각과 경험에 의해 자극되지 않은 채 자기 식대로만 생각하는 사람은 기껏해야 시시하거나 단조로운 사람이다.

- what 절에 의한 주어
- contemporary : '동시대의, 현대의'
- near-sighted : '근시안적인'
- on one's own : '자기 식으로'
- at best : '기껏해야'

10

사회 조직이 단순한 것에서 복잡한 것으로 이동하는 것처럼, 자녀들을 교육시키는 조직도 그렇게 이동하는 것이 사실이다.

- 가주어(it) 진주어 (that)
- so 에 의한 도치에 걸린 긴 주어
- organization through which it educates its children : 관계사절에 의해서 길어진 주어

PART 08 · lengthy subject (긴 주어)

11

There comes a time in the course of every long-term relationship when we realize that our partner is not God's perfect gift to us. Inevitably, the same realization sooner or later strikes our partner. We become fully aware for the first time of each other's flaws and imperfection, not in the superficial sense of perceiving these faults as cute or endearing but in a deep and sometimes troubling way.

11

모든 장기적인 인간관계의 과정 중에 우리의 반려자가 신의 완벽한 선물이 아니라는 것을 우리가 깨닫는 때가 온다. 불가피하게 똑같은 깨달음이 조만간 우리의 반려자에게도 온다. 우리는 처음으로 서로의 결점과 불완전함을 완전히 인식하게 되는데, 이러한 결점들을 귀엽거나 사랑스럽다고 인식하는 피상적 느낌이 아니라 심오하고 때로는 고통스런 방식으로 인식하게 되는 것이다.

- there 유도부사에 의한 긴 주어
- in the course of : '~의 동안에'
- long-term : '장기적인'
- inevitably : '불가피하게'
- strike : 생각등을 주어로 하고 사람을 목적어로 하여 '떠오르다'
  it + strikes + 사람 + that 절 / 생각 + strikes + 사람

PART 09
adverb clause
(부사절)

PART 09 · adverb clause (부사절)

01

Our children sense that there are motives behind our generosity – motives that are so unconscious that we don't immediately recognize them ourselves. When we give and give until we're exhausted, as most parents do, usually it's because we feel that this is the only way children will accept us or maintain a relationship with us.

02

When children first try to ride a bicycle, parents should let them know wearing a helmet should be necessary before anything else. There are some parents who are so eager to share with their children the thrill of riding a bike that they put the safety rules aside and spend their time teaching how to balance.

01

우리 아이들은 우리의 관대함 뒤에 있는 동기를 감지하는데 그 동기들은 너무 무의식적이어서 우리는 스스로 그것들을 즉시 알아챌 수 없을 정도이다. 대부분의 부모가 그러듯이 우리가 탈진될 때까지 주고 또 줄 때 보통은 그것은 아이들이 우리를 받아들이거나 우리와의 관계를 유지할 유일한 방법이라고 우리가 느끼기 때문이다.

- so 형용사, 부사 +that 구문 : '매우~해서 ~할 정도이다'
- 시간의 부사절 when절, until 절
- as 양태의 부사절 : '~하듯이'
- it's because 절 : 원인절을 강조할 때
- way + 관계사절 : '주어가 동사하는 방법'

02

아이들이 처음 자전거를 타려할 때 부모들은 무엇보다도 안전모를 착용하는 것이 필수적이어야 한다는 것을 그들에게 알려주어야 한다. 아이들과 자전거를 타는 짜릿함을 공유하기를 너무나 갈망하여 안전수칙을 제쳐놓고 균형 잡는 법을 가르치면서 모든 시간을 보내는 부모들이 있다.

- when 시간의 부사절
- so + 형용사, 부사 that 절
- thrill : '흥분, 열광, 흥분시키다, 열광시키다'
- spend +시간+v-ing : '~하면서 시간을 보내다'

PART 09 · adverb clause (부사절)

03

We think that because great books are hard to read children will not like them. Whether they like them or not, they need to learn what real reading is. Otherwise, they will not be exposed to their cultural heritage, for unless the classics are read in school, chances are they won't be read at all.

04

Consider for example Mendelssohn's role in the revival of interest in the music of Bach. Had the composer not taken upon himself to organize the first public performance of Bach's St Matthew Passion in Berlin in 1830, over a hundred years after its premiere (1727), it is questionable whether Bach's music would have exercised such a influence on early Romantic music.

03

우리는 명작이 읽기에 어렵기 때문에 아이들이 그것들을 좋아하지 않을 것이라고 생각한다. 그들이 그 책들을 좋아하건 안 하건, 그들은 진정한 독서가 무엇인지를 배울 필요가 있다. 그렇지 않으면, 그들은 자신들의 문화적 유산에 노출되지 않게 될 것이다. 왜냐하면 고전이 학교에서 읽혀지지 않으면 아마도 그것들은 결코 읽혀지지 않을 것이기 때문이다.

- whether A or B : 'A이거나 B이거나 간에 상관없이'
- unless +S2+V2 : '만약 ~하지 않는다면'
- S1+V1, for +S2+V2 : for 절은 원인, 이유의 절이지만 반드시 주절 뒤에 와야 한다.
- chances are + 절 : '아마 ~일 것이다'

04

예를 들어 바하의 음악에 대한 관심의 부활에서 멘델스존의 역할을 고려해보자. 초연이 있은 지 백년이 지난 1830년 그 작곡가가 만약 베를린에서 바하의 마테수난곡의 최초 대중공연을 구성하는 책임을 떠맡지 않았더라면 바하의 음악이 초기 낭만음악에 그토록 대단한 영향을 끼쳤을까는 의심스런 일이다.

- if S +had p.p → had S PP : if 가정법절에서 if를 생략한 후 의문문 어순으로 도치
- such a +형용사+명사
- take upon oneself +to : ~하는 책임을 맡다
- it is questionable whether 절 : 가주어, 진주어절

PART 09 · adverb clause (부사절)

05

It is almost as if the British are keen to present themselves as a nation of philistines. And yet, hundreds of thousands of people are enthusiastically involved in one or other of the arts, but (in typically British fashion) with a more-or-less amateur or part-time status.

06

To Gerald, standing on the small mound where the house had been, this tall barrier of green was as visible and pleasing an evidence of ownership as though it were a fence that he himself had built to mark his own. He stood on the blackened foundation stones of the burned building, looked down the long avenue of trees leading toward the road and swore lustily, with a joy too deep for thankful prayer.

05

영국인들은 자신들을 교양이 없는 국민이라고 보여 주는 것을 간절히 원하고 있는 것처럼 보인다. 그럼에도, 수십만의 사람들이 하나의 예술에 열정적으로 참여한다. 그러나 전형적으로 영국식인 다소간 아마추어적이거나 파트타임의 지위를 가지고 참여한다.

- it be almost as if S + v : '마치 거의 ~인 것처럼 보이다'
- philistine : '교양이 없는 사람'
- be keen to VR : '~하기를 열망/열중 하다'

06

전에 집이 서 있었던 작은 언덕 위에 올라선 Gerald에게는 이 높다란 초록의 장벽이 마치 그가 자기의 것을 표시하기 위해 직접 세운 울타리인 것처럼 눈에 잘 보이고 즐겁게 해주는 소유권의 증거처럼 보였다. 그는 불탄 건물의 까맣게 된 주춧돌 위에 서서 도로를 향해 이어지는 긴 가로수 길을 내려다보았고, 감사 기도로 보기에는 너무나 깊은 즐거움을 가지고 힘차게 소리를 질렀다.

- as ~as though : [as as] 구문과 [as though~] 구문이 결합된 형태
- mound : '언덕'
- ownership : '소유권'
- foundation stone : '주춧돌, 초석'
- swear : '욕을 해대다, 소리를 지르다, 맹세하다'
- as + 형용사 + a, an + 명사 : 어순의 주의

PART 09 · adverb clause (부사절)

07

The essential idea of a food container has been around for a very long time , but it wasn't until they began using tobacco tins to carry meals in the early 20th century, followed by the use of lithographed images on metal, that this became a necessary accessory of school kids, and in turn, a marketable product in the eyes of manufacturers.

08

The earlier a person begins alcoholic use, the greater the chances are of that person becoming an alcoholic later in life and suffering negative physical withdrawal symptoms.

07

음식을 담는 통에 대한 기본적인 개념은 아주 오랫동안 있었지만, 20세기 초반에 음식을 담아 다니기 위해 담배를 담는 깡통을 사용하기 시작하고 후에 금속에 석판으로 인쇄한 이미지를 사용하게 되고 나서야 이것은 학생들에게는 필요한 액세서리이며 다시 한편으로는 제조업자의 안목에서 시장성이 높은 상품이 되었다.

- it be not until + B +that +A : 'B 하고 난 다음에서야 비로소 A하다'
- lithograph : '석판으로 인쇄하다'
- tins : '주석, 양철, 깡통'
- in turn: '이번에는, 그 결과'
- marketable : '시장성이 높은'
- be around : '주위에 존재하다'

08

음주를 더 일찍 시작하면 할수록 그 사람은 나중에 알코올 중독자가 되어 부정적인 신체적 금단 증상을 앓게 될 가능성이 더 크다.

- the 비교급, the 비교급 = as + S2+ V2(비교급), S1+ V1(비교급)
- The earlier a person begins alcoholic use, the greater the chances are of that person becoming an alcoholic later in life and suffering negative physical withdrawal symptoms = As person begins alcohol use earlier, the chances of that person becoming an alcoholic later in life and suffering negative physical withdrawal symptoms are greater.
- alcoholic: '알코올 중독자'
- withdrawal symptom : '금단 증상'

PART 09 · adverb clause (부사절)

09

Just because life can be full of pain does not mean that it should be categorized as a moral good any more than, say, warfare should be considered a moral good simply because it has been an inevitable result of human interaction.

10

It will not be long before I notice how each customer feels about you. If they enter our store and leave immediately without purchasing anything, you will surely be fired.

09

삶이 고통으로 가득 찼다고 해서 고통을 도덕적 선으로 분류시켜서는 안 되는 이치는, 가령, 전쟁이 인간의 상호 작용의 피할 수 없는 결과라는 이유로 전쟁이 도덕적인 선으로 간주 되어선 안 되는 것과 같다.

- because 절 : 명사절 자리에 놓인 부사절
- A is no more B than C is D = A is not B any more than C is D : C가 D가 아닌 것처럼 A는 B가 아니다
- moral good : 도덕적인 선
- say : '가령'

10

각각의 고객이 여러분에 대해서 어떻게 느끼는지 나는 금방 알게 될 것이다. 그들이 우리가게 안에 들어왔다가 아무것도 사지 않고 곧 떠나게 되면 당신들은 확실히 해고당할 것이다.

- it will not be long before +S +V : '머지 않아 ~할 것이다'

PART 09 · adverb clause (부사절)

11

Our children are no longer raised by people who know the world, not because parents have gotten stupid or lazy, but because the world has gotten too big to master. Parents must eventually learn to teach their children how to handle uncertainty.

11

부모들이 어리석거나 게을러졌기 때문이 아니라 세상이 확실히 알기에는 너무나 크기 때문에 우리의 자녀들이 세상을 아는 사람들에 의해 더 이상은 키워질 수 없다. 부모들은 결국에는 그들의 자녀들에게 불확실성을 다루는 방법을 가르치는 것을 배워야 한다.

- not because A but because B = not that A but that B : A 가 아니라 B의 이유로
- too 형용사, 부사 to 부정사 : '~하기에는 너무도 ~한'

PART 10
passive form
(수동태)

PART 10 · passive form (수동태)

01

Naturally, one is advised to have one's teeth looked at regularly, so that conditions that need correcting can be taken great care of before they get serious.

02

I would rather be found fault with, if at all, to my face, and am especially sensitive to what is said of me when I am not there to defend myself.

01

교정을 필요로 하는 조건들이 심각해지기 전에 보살펴질 수 있도록 우리는 치아를 정기적으로 검진되게 하라는 충고를 받고 있는데 그것은 당연한 일이다.

- have + 목적어 + pp(타동사의 과거분사) : '목적어가 ~되도록 시키다'
- need + ing : '~할 필요가 있다', ing가 타동사이고 목적어가 그 뒤에 없으면 need의 주어가 ing의 의미상 목적어
- take great care of : 수동태가 되면 great care 가 수동태의 주어가 될 수 있다. great care be taken of

02

나는 책잡힐 일이 있다면 내 면전에서 그런 일을 당하길 원하며 내가 자신을 방어할 수 없을 때 나에 대해 이러쿵 저러쿵 말해지는 것에 대해 특별히 민감하다.

- find fault with : '트집잡다, 비판하다' 타동사구로서 수동태가 될 때 전체를 하나로 봄. be found fault with
- if at all : '만일 그런 일이 있다면'

PART 10 · passive form (수동태)

03

Do you think you know how his supernatural power is accounted for? It is such power as is rarely found in human beings.

04

Even those who are thought to have so little promise at graduation that schools or universities (do not) bother to offer them a job can be paid attention to in later life as long as he or she focuses on just one thing for enough time.

03

당신은 그의 초자연적이 힘이 어떻게 설명될지 안다고 생각하는가? 그것은 인간들에게서는 좀처럼 발견되지 않는 그런 힘이다.

- account for : '설명하다', 수동태는 be accounted for
- such + 선행명사 + as 관계사주격

04

졸업 때 학교에서 직업을 제공하려는 수고를 하지 않을 정도로(하려고 할 정도로) 가망성이 없다고 여겨지는 사람들도 자신이 충분한 시간동안 한 가지에 몰두한다면 나중에 주목을 받을 수 있다.

- be thought to 부정사 : '~하다고 여겨지다'
- pay attention to : '~에 주목하다' 수동태가 될 때 하나의 동사로 봄. 수동태는 be paid attention to
- so 형용사, 부사 that 절 : '~할 정도로 매우 ~한, 하게'
- bother to 부정사 : '~하는 수고를 하다'
    * 1. 학생이 매우 똑똑해서 학교가 학생의 구직에 대해 신경쓰지 않아도 될 정도
    2. 학생이 매우 아둔해서 학교가 직업을 소개해주어도 결국 그 일을 할 수 없을 정도

PART 10 · passive form (수동태)

05

The pleasure of imparting opinions in print is by no means confined to professionals, to people who are assumed to know something about a subject because they have been more or less occupied with it for years.

06

Climbing is probably the only sport which have those who do not enjoy it completely bewildered as to the motives and state of mind of those who do. To most people the climber is at best harmless eccentric, and at worst foolhardy and selfish.

05

인쇄매체로 자신의 의견을 나누는 즐거움은 결코 전문가들, 다시 말해서 수년간 자신이 그 일에 다소 몰두했다는 이유로 어떤 주제에 대해 무엇인가를 안다고 여겨지는 그런 사람들에게만 국한되어 있는 것은 아니다.

- be confined to : '~에 국한되다'
- be assumed to 부정사 : '~하다고 여겨지다'
- be occupied with : '~에 몰두하다'
- impart : '나누어주다'

06

등산은 아마도, 그것을 즐기는 사람들의 등산에 대한 동기와 심적 상태에 관하여 그것을 완전히 즐기지 않는 사람들을 당황하게 만드는 유일한 스포츠인것 같다. 대부분의 사람들에게 등산가는 최상의 경우, 해는 끼치지는 않지만 괴팍스러울 뿐이고, 최악의 경우, 무모하고 이기적이다.

- have + 목적어 + 타동사의 pp : '목적어를 ~되도록 시키다'
- at best : '최상의 경우, 최상의 경우라도'
- at worst : '최악의 경우, 최악의 경우라도'
- foolhardy : 무모한
- as to : '~에 관한, 관하여'

PART 10 · passive form (수동태)

We have seen in our lifetime a succession of wars and revolutions. Most of us have experienced some of these events in our own countries, but those who have not have had their lives transformed by them.

07

우리는 우리 생애에서 전쟁과 혁명의 연속을 보았다. 우리 대부분은 그 사건들의 일부를 우리 자신의 나라에서 경험했지만 그렇지 못한 사람들은 전쟁과 혁명에 의해 그들의 삶이 변형되어지는 일을 겪었다.

- have + 목적어 + 타동사의 pp : '목적어가 ~되는 일을 겪다, 당하다'
- succession : '연속'
- transform : '변형하다'
- those who have not (experienced some of these events in their countries) have had their lives transformed by them

PART 10 · passive form (수동태)

08

I guess it is easy for those who have never felt the stinging darts of segregation to say 'Wait' But when you have seen vicious mobs lynch your mothers and fathers at will and drown your sisters and brothers at whim; when you have seen hate-filled policemen curse, kick, brutalize, and even kill your black brothers and sisters ; when you suddenly find your tongue twisted and your speech stammering as you seek to explain to your six-year-old daughter why she cannot go to the public amusement park that has just been advertised on television, and see tears welling up in her little eyes when she is told that Funtown is closed to colored children, and see the depressing clouds of inferiority begin to form in her little mental sky, and see her begin to distort her little personality by unconsciously developing a bitterness toward white people ; when you are humiliated day in and day out by nagging signs reading 'white' and 'colored', when you are harried by day and haunted by night by the fact that you are a Negro, living constantly at tiptoe stance, never quite knowing what to expect next, and plagued with inner fears and outer resentment ; when you forever fighting a degenerating of 'nobodyness', then you will understand why we find it difficult to wait.

08

나는, 인종차별이라는 화살촉을 느껴본 적이 없는 사람들이 '기다려' 라고 말하는 것은 쉽다고 생각한다. 그러나 당신이 못된 패거리들이 당신의 부모님을 두들겨 패고 기분 내키는대로 형제자매들을 익사시키는 것을 보았을 때, 증오심이 가득 찬 경찰들이 저주를 퍼부으며, 발로 걸어차고, 사람을 잔인하게 대하고, 심지어 형제, 자매들을 죽이는 것을 보았을 때, 당신이 6살짜리 딸아이에게 방금 텔레비전에서 광고한 놀이공원에 왜 갈 수 없는지 설명하느라 혀가 꼬이고 말을 더듬다가 놀이 공원이 유색인종에게는 닫혀있는 곳이라는 사실을 아이가 듣고 그 작은 눈에 눈물이 차오르는 것을 볼 때, 그래서 그 아이의 정신세계에 열등감이라는 우울한 구름이 형성되기 시작하는 것을 볼 때, 그리고 그 아이가 자기의 어린 인성을, 백인들에 대한 혐오를 무의식적으로 형성함으로써, 왜곡하기 시작하는 것을 볼 때, 당신이 허구 헌날 '백인', '유색인' 이라고 적힌 괴롭히는 표지판으로 굴욕감을 느낄 때, 당신이 흑인이라는 사실에 의해 낮에는 곤란을 겪고 밤에는 공포에 쫓기며 항상 숨죽이고 살아가면서 다음에 어떤 일이 벌어질지 예상할 수 없는 상태로 내적 공포와 외적 분노로 괴로움을 겪을 때, 당신이 '스스로에 대한 존재의 부정' 이라는 비굴함과 끝없이 싸울 때, 그 때 당신은 왜 기다리는 것이 어렵다고 우리가 생각하는지 이해하게 될 것이다.

- has been advertised
- she is told that 절 : tell 동사의 4형식 수동형
- be closed to : close(닫다)의 수동형
- you are humiliated : humiliate(모욕주다)의 수동형
- you are harried : harry(괴롭히다) 의 수동형
- you are haunted : haunt (따라다니며 괴롭히다) 의 수동형
- segregation : 차별, 구별
- dart : 화살촉
- mob : 군중, 폭도
- lynch : 개인적으로 폭행을 가하다

PART 10 · passive form (수동태)

- day in and day out : 허구 헌날
- well up : 액체 등이 차오르다, 고이다
- plague : 괴롭히다
- degenerate : 도덕적으로 육체적으로 정신적으로 피폐해지다, 더 나빠지다

MEMO

PART 10 · passive form (수동태)

09

Super Bowl MVP Hines Ward gathered much attention for having his name tattooed in Korean on hir right arm. Tattoos – permanent images or words on the skin created by using needles to put colors under the skin – are still considered a 'forbidden art' in Korean society. We're accustomed to the Confucian philosophy that all body parts were given by the parents, and therefore, we must not damage them. Also, people view tattoos with contempt because of their association with gangsters. Recently, however, Koreans have changed their views on tattoos. They sometimes go wild over the tattoos on celebrities. Tattoos are no longer the exclusive property of gangsters but are considered a way of expressing one's personality.

09

수퍼보울(미식축구시합이름) 최우수선수인 Hines Ward 는 그의 이름을 오른팔에 문신되도록 한 것으로 많은 주목을 끌었다. 피부 아래에 색깔을 넣기 위해 바늘을 이용함으로써 만들어지는 피부상의 영구적 이미지나 글자들인 문신은 한국사회에서는 여전히 금지된 예술로 여겨진다. 우리는 모든 신체부위가 부모로부터 주어진 것이라는 유교철학에 익숙하므로 신체를 훼손해서는 안 된다. 또한 사람들은 문신들을 폭력배들과의 연상 때문에 경멸스럽게 바라본다. 그러나 최근에 한국인들은 문신에 대한 이런 견해들을 바꾸었다. 그들은 때로 유명인사들의 문신에 대해 열광하고 있다. 문신들은 더 이상 폭력배들의 전유물이 아니라 자신의 개성을 표출하는 방법으로 여겨지고 있다.

- have + 목적어 + 타동사의 pp : 목적어가 ~되도록 시키다
- be considered + 보어 : ~로 여겨지다
- be accustomed to : ~에 익숙해지다
- be given + 직접목적어 : give 동사의 4형식 수동태
- tattoo : 문신
- gangster : 건달, 폭력배
- celebrity : 유명인사
- exclusive property : 전유물

PART 10 · passive form (수동태)

10
An elderly woman had been helped across a busy street by a kind minister. After thanking him, she added, 'Never grow old.' But the fact is that the only way to avoid getting old is to die while you are young. Moreover, people who deny reality by trying to look like, talk like, and act like the young evoke our pity, nor our admiration. But if we accept growing old as a natural process of life, we need not dread it. It can be enjoyed as wonderful time of life. Older people who live gracefully through life's ups and downs can possess a greater peace.

10

한 늙은 여성이 친절한 목사에 의해 복잡한 거리를 건너는데 도움을 받았었다. 감사를 한 후 노파는 덧붙였다. '늙지 마시라우.' 그러나 사실은 늙어가는 것을 피하는 유일한 방법은 젊을 때 죽는 것이다. 게다가, 젊은 사람들처럼 보이고, 말하고, 행동하려고 애씀으로써 현실을 거부하는 사람들은 우리의 존경을 끌어내지 못하고 동정심을 유발시킨다. 그러나 만약 우리가 늙어간다는 것을 삶의 자연스런 과정으로 받아들이면 우리는 그것을 두려워할 필요가 없다. 그것은 인생의 멋진 시간으로 향유될 수 있다. 인생의 굴곡을 통과하면서 우아하게 사는 늙은 사람들은 더 큰 평화를 소유할 수 있는 것이다.

- be helped across the street : 거리를 건너는데 도움을 받다
- can be enjoyed : 향유될 수 있다
- evoke our pity : 동정심을 유발하다
- ups and downs : 굴곡, 흥망성쇠

PART 11
conditional & subjunctive
(가정법)

PART 11 · conditional & subjunctive (가정법)

01

If you should land on the moon, you would find yourself in a very strange place. It probably looks like a dead world. You would hear no sound there, nor could you smell anything. Vast mountains would tower over your head, and deep crevasses would be open at your feet.

02

I have often thought it would be a blessing if each human being were stricken blind and deaf for a few days at some time during his early adult life. Darkness would make him more appreciative of sight ; silence would teach him joy of sound.

01

만에 하나 당신이 달에 착륙한다면, 당신은 자신이 매우 낯선 곳에 있다는 것을 알게될 것이다. 그것은 아마도 죽은 세상처럼 보일 것이다. 당신은 어떤 소리도 들을 수 없고 어떤 냄새도 맡을 수 없을 것이다. 거대한 산들이 당신의 머리 위로 솟구쳐 있고 깊은 계곡들이 당신의 발 아래 열려 있을 것이다.

- if 주어 + should + V.R 가정법 : '만에 하나 ~하다면', 확률이 낮거나 일어나지 않기를 바라는 사실을 가정할 때 사용한다.
- 가정절을 한 번 사용하고 그것에 제한받는 귀결절은 계속해서 조동사의 과거형을 써서 표시한다.
- crevasse : 틈새, 계곡

02

만일 모든 사람이 청소년기의 어떤 시기에 며칠 간 만이라도 시각이나 청각장애를 입는다면 그것은 축복일 것이라고 나는 종종 생각했다. 어둠은 그로 하여금 시력의 고마움을 더 알게 할 것이고 침묵은 그에게 소리의 즐거움을 가르칠 것이다.

- if 주어 + were : 현재 벌어지고 있는 사실의 반대 혹은 가능성이 매우 희박한 일을 가 정할 때 사용하며 주어의 인칭과 수에 관계없이 be 동사를 사용할 때는 were 를 택한다.
- strike + 목적어 + 형용사 : 목적어를 타격이나 가격하여 그 결과로 어떤 상태를 만든다라는 의미인데 보통 수동으로 써서 be stricken + 형용사 구조로 사용한다.

PART 11 · conditional & subjunctive (가정법)

03

In many communities, men's and women's speeches are different. A man might be laughed to scorn if he used language inappropriately to his sex – just as he would be if he were to wear a skirt.

04

The little girl simply said, "That man is a doctor". Of course she was mistaken. Yet if the man had worn not hearing aid but stethoscope, we would have been delighted by her generalization.

03

많은 사회에서 남성들과 여성들의 언어는 다르다. 만일 남자가 자신의 남성성에 부적절하게 언어를 사용한다면, 마치 자신이 치마를 입을 때 그렇게 될 것이듯이 비웃음을 사게 될 것이다.

- laugh + 목적어 + to scorn : 목적어를 비웃다, 수동태가 되면 be laughed to scorn
- just as he would be (laughed to scorn)
- if he were to wear : 가정법의 조건절에서 were to 구조를 사용하면 실제로 그럴 일이 거의 없는 희한한 경우를 상정할 때 사용할 수 있다.

04

'그 남자는 의사야.' 라고 그 꼬마 소녀는 간단하게 말했다. 물론 그 아이가 착각한 것이다. 그러나 그 남자가 보청기가 아니고 청진기를 끼고 있었다해도 우리는 그녀의 단순일반화에 의해 즐거웠을 것이다.

- if 주어 + had pp. 주어 + would have pp : 과거사실의 반대를 가정하고 그 결과를 예측해 보는 방법
- be mistaken : 실수를 하거나 착각을 하다라는 의미인데 be wrong 과는 다르다.
- stethoscope : 청진기

PART 11 · conditional & subjunctive (가정법)

05

If we had had smartphones about thirty years ago, we wouldn't have spent so much time talking with each other in my family. And we wouldn't have enjoyed running and playing outdoors together.

06

History is governed by geography. If the mountain ranges had stood along the southern shores of England instead of standing far back to west and north, the tribal invasion of the island from the continent would have been so arduous a task that Britain would have not become the early receptacle for so many different races of vigorous barbarians.

05

만일 우리가 약 30 년 전에 스마트폰들을 가지고 있었다면 우리는 가족 내에서 서로 이야기를 나누며 그토록 많은 시간을 보낼 수는 없을 것이다. 또한 우리는 함께 야외에서 달리고 뛰노는 것을 즐길 수도 없었을 것이다.

- if 주어 + had pp, 주어 + would have pp
- spend + 시간 + ing : ~하면서 시간을 보내다

06

역사는 지리에 의해 지배받는다. 만일 산맥이 서북쪽의 후미진 곳에 서있지 않고 영국의 남부 해안을 따라 서있었다면 유럽대륙으로부터 영국에 대한 각 부족들의 침략은 매우 힘든 일이어서 Britain 섬은 강인한 야만인들의 그토록 많은 종족들에게 초창기 피난처가 될 수 없었을 것이다.

- if 주어 + had pp, 주어 + would have pp
- arduous : 힘겨운
- so 형용사 + a, an + 명사 : 어순에 주의할 것
- receptacle : 피난처
- vigorous : 강력한, 강인한, 정력적인
- barbarian : 야만인

PART 11 · conditional & subjunctive (가정법)

07

Horrified, the waiter immediately brought my mother a salt shaker. When it was time for dessert, the manager of the restaurant appeared, insisting we choose something 'on the house' because of the oversight. Mother said. "It is not that important." "But, madame," he replied in all seriousness, "What if you had been the Queen?"

07

매우 놀라서 그 웨이터는 즉각 어머니에게 소금병을 가져다 주었다. 후식시간이 되었을 때 식당의 지배인이 나타나 우리에게 저지른 과실의 댓가로 식당이 지불하는 무엇인가를 골라달라고 요청했다. "대단한 일도 아닌데요." 어머니는 말했다. " 하지만 만약 부인이 여왕님이었더라면 어쩔 뻔 했나요?" 라고 그는 매우 심각하게 응답했다.

- what if 주어 + had pp ? : 만약 ~했었더라면 어쩔 뻔 했나 라는 의미의 의문사를 동반 하는 가정구조
- salt shaker : 흔들어서 내용물을 음식에 넣는 그릇중에서 소금병을 지칭함
- all + 추상명사 = very + 형용사
- 'on the house' : 식당 등에서 손님에게 무료로 제공하는 음식이나 서비스에 붙이는 말
- insisting we (should) choose

PART 11 · conditional & subjunctive (가정법)

08

One woman I know was distressed by her husband's chronic thoughtlessness. Immersed in business affairs, he seldom even remembered her birthday. "I could have tried to force him into changing his ways. But it seemed to me that this would only make matters worse. So I waited for the first chance I had to praise him for some small act of thoughtfulness. When he finally brought home a book I had asked for four times, I thanked him as if it were a diamond necklace."

09

It is only when some irrelevant memory makes up prejudices that we should search our mind for the reason of the aversion which spoils a pleasure we might otherwise have had.

08

내가 아는 한 여성이 남편의 고질적인 무신경 때문에 괴로워하고 있었다. 사업에만 몰두하여 그는 그녀의 생일조차 잘 기억하지 못했다. " 나는 그에게 강압적으로 그런 태도를 바꾸도록 애쓸 수도 있었어요. 하지만 그렇게 하면 그것은 오히려 문제를 악화시킬 것같아 보였어요. 그래서 나는 그의 작은 배려의 행동에 대해 내가 칭찬해주어야 할 첫 기회를 기다렸어요. 내가 4번이나 요청했던 책을 마침내 그가 집으로 가져왔을 때 나는 그에게 그것이 마치 다이아몬드 목걸이라도 되는 양 고마워했어요.

- 주어 + could have pp : 가정절이 생략되어 있고 문맥을 통해 그 생략된 의미를 파악
- as if 주어 were : 실제로는 아닌데 마치 그런 것처럼.
- this would only make : 가정의 결과절로 생략된 가정절의 의미를 파악할 것
- chronic : 만성적인, 고질적인
- immerse + 명사 : 무엇을 푹 담그다, 몰입시키다
- business affair : 사업상의 일
- force + 목적어 + into + ing : 목적어를 ~하도록 강요하다

09

어떤 무관한 기억이 편견들을 만들어 낼 때 비로소, 우리는 그렇지 않았더라면(편견을 만들어 내지 않았더라면) 우리가 누렸을지도 모르는 즐거움을 망쳐놓는 그런 혐오에 대한 원인이 무엇인지 알아내기 위해 우리의 정신 상태를 탐색해 보아야 한다.

- otherwise : 앞에서 언급한 내용의 반대를 가정하는 부사로서 가정법의 귀결절에 속하여 if 절의 의미를 대용한다.
- irrelevant : 상관없는, 무관한
- search A for B : B를 찾기 위해 A를 뒤지다
- aversion : 혐오

PART 11 · conditional & subjunctive (가정법)

10

Language is an indispensable instrument of human society. It is the means by which individuals understand each other and are enabled to function together as a community. Indeed, it is unlikely that any human organization could either be formed or long maintained without language. Certainly, in the absence of communication, the complex structure of modern society would be utterly impossible. The effectiveness of human society, therefore, is largely dependent upon the clarity, accuracy, and efficiency with which language is used or understood.

11

It is believed that water in other animals would be passed off by the body is, by the camel, used over again; in effect recycled.

10

언어는 인간사회의 없어서는 안 되는 도구이다. 그것은 개인들이 서로를 이해하고 하나의 사회로서 기능하는 것을 가능하게 해주는 수단이다. 실제로 만일 언어가 없다면 어떤 인간 조직도 형성되거나 장기적으로 유지될 수 없을 가능성이 크다. 확실히, 의사소통이 없다면 현대사회의 복잡한 구조자체가 전적으로 불가능하게 될 것이다. 인간사회의 효율성은 그러므로 언어가 사용되는 방식의 명료함, 정확함, 그리고 능률에 주로 의존하고 있다.

- without language : 만일 언어가 없다면, 주절에 could 조동사와 호응하고 있다.
- in the absence of communication : 의사소통이 없다면, 주절에 would 조동사참조
- enable + 목적어 + to 부정사 : 수동형에서 be enabled to 부정사
- it is unlikely that 절 : 가능성이 없는 사실
- utterly : 전적으로

11

다른 동물들에서라면 몸 밖으로 빠져나가게 될 물이 낙타에 의해서는 다시 사용된다고 즉 재활용된다고 믿어진다.

- in other animals : if 절의 역할을 대신하고 있는 가정의 부사구, would be passed off 와 호응하고 있다.
- in effect : 사실상, 즉

PART 11 · conditional & subjunctive (가정법)

12

Someone has offered me a very remarkable and beautiful and valuable gift and I do not know what to do. A few years ago I should have accepted it with rapture. Today, however, I am sure, because the older one grows the less he or she wishes to accumulate possessions.

13

When I was a teenager, I felt that I was just young and uncertain and I would have been very pleased to be regarded as something so interesting as a problem.

12

누군가 나에게 매우 특이하고 아름다우며 비싼 선물을 주었는데 나는 어떻게 해야 할지 모르겠다. 몇 년 전이었다면 나는 황홀한 기분으로 받았을 것이다. 그러나 지금은 잘 모르겠다. 왜냐하면 사람이 나이를 먹을수록 재산을 축적하고 싶은 마음이 덜 들기 때문이다.

- a few years ago : if 절의 역할을 대신하고 있는 시간의 부사구, should have pp 와 호응하고 있다.
- with rapture : 기쁘게
- the 비교급, the 비교급 : ~할수록 ~하다
- accumulate : 축적하다

13

내가 십대였을 때 나는 내가 젊고 불확실하다고 느꼈으며 내 자신이 문제아와 같은 흥밋거리로 여겨졌다면 매우 즐거웠을 것이었다.

- to be regarded as : if 절의 역할을 대신하는 부정사, would have been 이하와 호응

PART 11 · conditional & subjunctive (가정법)

14

The skin is the body's largest organ. Spread flat, it would cover about 18 square feet, every square inch of which includes about a yard of blood vessels, four yards of nerves, and more than three million cells.

15

It is impossible to know with any precision what the outcome of a nuclear war would be. What is quite certain is that the world which would emerge from a nuclear war would not be such as is desired by either Moscow or Washington.

14

피부는 신체의 가장 큰 장기조직이다. 평평하게 펼쳐지면 그것은 18평방feet 에 달하고 그것의 매 평방인치는 1야드 길이의 혈관과 4야드 면적의 신경과 3백만 개 이상의 세포를 포함하게 된다.

- spread flat : if 가정절을 대신하는 분사구문, if it were spread flat 의 내용이다. would cover 라는 동사와 호응한다.
- every square inch of which 가 관계사이다. 주격으로 동사 includes 와 호응한다.

15

핵전쟁의 결과가 무엇이 될지를 정확하게 아는 것은 불가능하다. 확실한 것은 핵전쟁이 있고 난 후에 나타나게 될 세상은 러시아나 미국에 의해 소망되는 그런 것은 아닐 것이라는 점이다.

- a nuclear war : if 절의 역할을 대신하고 있으며 would be 와 호응한다.
- from a nuclear war : if 절의 역할을 대신하고 있으며 would emerge, would not be 와 호응한다.
- outcome : 결과
- as is desired : 관계사주격으로 as 를 사용했고 선행사는 such 이다.

PART 12
special structures
(도치, 강조, 삽입, 생략, 동격)

PART 12 · special structures (도치, 강조, 삽입, 생략, 동격)

01

However logical and rational these judgements of personal necessity, when the number of cars on earth is multiplied one hundred million times, the result is social insanity. At that scale, the sheer forces of the automobile's presence commands that we be willing to sacrifice most other needs to its priority. As a collective entity, the automobile threatens to make us its servant.

02

I tried to say I had been in the wrong when I knew I had been.

READING REVOLUTION II

01

개인적 필요성에 대한 이런 판단들이 아무리 논리적이고 이성적이어도, 땅 위의 자동차들의 숫자가 일억 배 증가하게 된다면 그 결과는 사회적 정신병이다. 그런 규모에서는 자동차의 존재라는 힘들이 그 우선권에 대해 다른 욕구들을 우리가 기꺼이 희생하도록 만들것이다. 집단적 실체로서 자동차는 우리를 그 하인이 되도록 위협하고 있다.

- however + 형용사보어 + 주어 + be 동사 : 여기서 be 동사는 생략될 수 있다.
- sheer : 순전한
- insanity : 정신병
- command : 명령하다, 강요하다, that 절을 받을 때 동사원형

02

내가 잘못했었다는 것을 알았을 때 나는 잘못했었다고 말하려고 애썼다.

- 대동사 had been 뒤에 in the wrong 의 생략

PART 12 · special structures (도치, 강조, 삽입, 생략, 동격)

03

Never before in history has man been so much the servant of a machine, as he is today of the automobile.

04

Those who write books are eloquent about the joy of reading. It is natural that they should be. It is their trade, and most of them are great readers themselves.

03

인간이 오늘날 자동차의 하인인 것처럼 기계의 하인이 되었던 적이 결코 없었다.

- never 문두에 의해 has man been 구조로 도치
- as he is (the servant) of the automobile
- no A so B as C 구조의 적용

04

책을 쓰는 사람들은 독서의 즐거움에 대하여 웅변적이다. 그들이 그러는 것은 당연하다. 그것은 그들의 직업이고 그들 대부분이 스스로 대단한 독서가들이다.

- that they should be (eloquent about the joy of reading).

PART 12 · special structures (도치, 강조, 삽입, 생략, 동격)

05

Before he was allowed to land in the country, he was asked many questions, as all immigrants are. One of the questions was 'How much money do you have?'

06

Most Oriental people admire and understand a calm acceptance of things rather than struggle ; and with the Korean, a keen love of Nature enhances this gentle spirit. They are still part of nature to a degree that we scarcely are.

05

모든 이민자들이 그러하듯 그 나라에 상륙을 허가받기 전에 그도 많은 질문들을 받았다. 그것들중 하나는 '얼마나 많은 돈을 가지고 있습니까?' 였다.

■ as all immigrants are (asked many questions)

06

대부분의 동양인들은 투쟁하기보다는 사물들에 대한 차분한 인정을 존중하고 이해한다. 또한 한국인에게는 자연에 대한 열렬한 사랑이 이런 온화한 정신을 고양시킨다. 그들은 우리가 거의 그러지 못할 정도로 여전히 자연의 일부이다.

■ that we scarcely are (part of nature)

PART 12 · special structures (도치, 강조, 삽입, 생략, 동격)

07
Money made is an accepted measure of brains. A man who makes a lot of money is a clever fellow ; a man who does not, is not.

08
Talent is by no means rare in the world; nor is even genius. But can the talent be trusted? Can the genius? Not unless based on trustfulness – on veracity.

07

번 돈은 지능의 척도이다. 많은 돈을 버는 사람은 영리한 사람이다. 그렇지 못한 사람은 그렇지 않다.

- who does not (make a lot of money) is not (a clever fellow).

08

재능은 세상에서 결코 희귀한 것이 아니며 천재성 또한 그러하다. 그러나 재능이나 천재성은 신뢰될 수 있는 것인가? 그것들이 진실성 혹은 신뢰성에 기반하고 있지 않다면 믿을 수 없는 것이다.

- veracity : 진실성
- Can the genius (be trusted)?
- (They are) not (trusted) unless (they are) based on trustfulness.

PART 12 · special structures (도치, 강조, 삽입, 생략, 동격)

09

What indeed is a great city? It is almost easier to say what is not. A city governed by birds might be more comfortable than a city governed by men. But it would not be human.

10

The road user carries much of the responsibility for traffic accidents ; the vehicle driver for the safety of others as well as himself, the pedestrian mainly for his own safety, while the passenger carries relatively little responsibility.

09

실제로 대도시란 무엇인가? 실제로 대도시가 아닌 것이 무엇인지를 답하는 것이 더 쉬운 편이다. 인간들에 의해서보다 새들에 의해 지배되는 도시가 더 편할지도 모른다. 그러나 만일 그런 도시가 있다면 그것은 인간의 도시는 아닐 것이다.

- to say what is not (indeed a great city).
- it would not be human에서 would 는 가정의 결과절임을 암시

10

도로 이용자는 교통사고에 대해 많은 책임을 진다. 자동차 운전자는 자신뿐 아니라 타인들의 안전에 대해서, 보행자는 주로 자신만의 안전에 대해서 책임을 떠맡지만 승객은 상대적으로 책임을 거의 지지 않는다.

- the vehicle driver (carries much of the responsibility) for the safety of others as well as himself, the pedestrian mainly (carries much of the responsibility) for his own safety

PART 12 · special structures (도치, 강조, 삽입, 생략, 동격)

11

He was seldom, if ever, provoked into treating any person with unkindness.

12

Mozart wrote some of the most beautiful music that the world has known. He died when he was thirty five. Seldom, if ever, has a greater genius lived.

11

그는 설령 했다손 쳐도 사람을 무례하게 다룰 만큼 화를 내지는 않았다.

- if ever : 주절의 동사와 연동하여 항상 양보적으로 해석하며 주절은 부정문 이어야 한다. '설령 그런일이 있다손쳐도, 있었다손쳐도'
- provoke : 도발하다

12

모차르트는 세상이 알아온 가장 아름다운 음악의 일부를 썼다. 그는 35세에 사망했다. 설령 그랬다 해도 그보다 더 위대한 천재가 지금까지 살았을 리가 없다.

- if (a greater genius than Mozart) ever (lived)

PART 12 · special structures (도치, 강조, 삽입, 생략, 동격)

13
Every harbor gives me a sense of being in touch, if not with the ends of the universe, with the ends of the earth.

14
In the United States, there are many people that head for sunny Florida or California with the onset of winter. But there are as many, if not more, who head for the mountains and ski resorts.

13

모든 항구는 나에게 비록 세상의 끝은 아니라 해도 땅의 끝과 접촉한다는 느낌을 준다.

- if (it does) not (give me a sense of being in touch) with the ends of the universe
- if not A : '비록 A는 아니라해도(늘 양보적으로 해석)'

14

미국에는 겨울의 시작과 함께 따뜻한 플로리다 혹은 캘리포니아로 향하는 많은 사람들이 있다. 그러나 비록 더 많지는 않다 해도 산이나 스키장으로 향하는 같은 수의 사람들도 있다.

- if (there are) not more (people who head for the mountains and ski resorts)
- head for : '어디로 향하다'
- onset : '본격적 시작'

PART 12 · special structures (도치, 강조, 삽입, 생략, 동격)

15

If a boy has a hobby early in life he ought to be encouraged to cultivate it. If we read the biographies of great men, we, if not always, find that they have begun their life's work as their play or hobby while still in their teens.

16

The clothes he wore, terribly shabby as they were, had been made obviously by a Spanish tailor and his hat was the wide-brimmed sombrero of Spaniards.

15

만일 어떤 소년이 인생 초기에 어떤 취미를 가지면 그는 그것을 잘 가꾸도록 격려받아야 한다. 우리가 위인들의 전기를 읽는다면 항상 그런 것은 아니지만 우리는 그들이 십대에 있었을 때 이미 놀이나 취미로서 그들의 일생의 일을 시작했다는 것을 발견하게 된다.

- if (we do) not always (find) : if 는 '설령' 이라는 의미가 있음을 명심할 것
- cultivate : '경작하다, 배양하다, 잘 가꾸다'

16

그가 입었던 옷은 비록 엄청나게 초라했지만 스페인 양복제조자에 의해 만들어졌고 그의 모자는 테가 넓은 스페인들의 모자였다.

- though they were terribly shabby 의 도치형태
- sombrero : '스페인모자'
- tailor : '양복 제조자'
- brim : '테두리, 테두리를 만들다'

PART 12 · special structures (도치, 강조, 삽입, 생략, 동격)

17

The idiomatic writer differs from the slangy in using what was slang and is now idiom ; of what is still slang he chooses only that part which his insight assures him has the sort of merit that will preserve it.

18

In addition to using it as a flavoring, such Roman people as General Pompey threw salt over their shoulders for luck. They also sprinkled on food that they suspected might contain poison.

17

관용적 표현을 쓰는 저자는 과거에는 속어였으나 이제는 관용어가 된 것을 사용한다는 점에서 속어사용자와는 다르다. 여전히 속어인 것 중에서 그는 그의 통찰력이 자신에게 확신시켜 주는 바 관용적 성격을 유지시켜 주는 일종의 장점을 가진 부분만을 골라내는 것이다.

- which has 사이에 의견삽입에 해당하는 his insight assures him 을 삽입함. 이 경우 주격 관계사가 생략될 수 있음

18

조미료로 사용하는 것에 더하여 Pompey 장군같은 로마인들은 행운을 위해 소금을 어깨 위에 뿌리기도 했다. 그들은 또한 독을 포함하고 있을지도 모른다고 스스로 의심하는 음식들 위에 소금을 뿌리기도 했다.

- that might contain poison에서 they suspected 를 삽입시켰다.
- sprinkle : '뿌리다'

PART 12 · special structures (도치, 강조, 삽입, 생략, 동격)

19

He looked very young in his pajamas and, as was natural at his age, he had awakened fresh, with all the lines smoothed out of his face.

20

The word 'propaganda', as is generally used, is not a bad word. However, you can see that the propaganda in ads is made up of half-truths, and perhaps even lies. Propaganda comes close to being a bad word when the propagandist uses it to stack the cards against unsuspecting readers.

19

그는 잠옷을 입은 상태에서 매우 어려 보였고 그의 나이에서는 자연스러운 일이듯이, 모든 주름살이 펴진채로 상쾌하게 잠에서 깨어났다.

- as was natural at his age : as 는 앞 혹은 뒤의 절을 선행사로 하는 관계대명사
- pajamas : '위 아래 한벌인 잠옷'

20

일반적으로 이용되듯이 선전 이라는 말은 나쁜 말은 아니다. 그러나 당신은 광고에서 선전이 절반의 진실 혹은 완전한 거짓으로 이루어진 것을 깨닫게 된다. 선전자가, 의심하지 않는 독자에게 무엇인가를 획책하기 위해 사용할 때, 선전은 나쁜 말에 가깝게 된다.

- as is generally used : 선행사로 앞 혹은 뒤의 절을 가지는 관계대명사 as
- propaganda : '선전'
- stack the cards against : '~에게 불리하게 상황을 획책하다'

PART 12 · special structures (도치, 강조, 삽입, 생략, 동격)

21

I have said that he learns by his mistakes, when once he is convinced of them ; but it is only the brutal evidence of hard facts which will convince him, and until these hard facts hit him in the face, his doggedness will make him hold on. It has been said that the English lose all the battles and win all the wars ; and it is only after he has lost a certain number of battles that the Englishman changes his tactics. Until then his lack of imagination prevents his understanding that his adversary is doing and thinking, and prevents him from seeing that he really has made a mistake ; but when he does see it, he changes whole-heartedly.

21

일단 그가 실수들을 인식하면 자신의 실수들에 의해 배운다고 나는 말했다. 그러나 그를 확신시키는 것은 추상같은 진실이라는 잔인한 증거이고 이런 증거의 진실들이 그에게 확실히 충격을 줄때까지는 그의 고집이 그를 계속해서 자신의 입장을 고수하도록 만들것이다. 영국인들은 모든 전투에서는 지고 모든 전쟁에서는 이긴다고 말해진다. 영국인들이 자신들의 전술을 바꾸는 것은 일정한 수의 전투에서 비로소 지고 난 다음이다. 그때까지는 그의 상상력 부족이 자신의 적수도 행동을 하고 생각을 한다는 사실을 이해하지 못하게 하며 자신이 진정으로 실수를 저질렀다는 것을 인정하지 못하게 한다. 그러나 그가 자신의 실수를 정말로 보게 되면 그는 진심으로 변화한다.

- it is 강조어구 that 나머지 : 관계사의 특별한 용법이다. 강조어구에 들어가는 것은 주어, 목적어, 부사, 부사구, 부사절이다.
- doggedness : 고집
- tactic : 전술
- adversary : 적수
- hard fact : 부동의 사실
- whole - heartedly : 진심으로
- when he does see it : does + 동사원형 = 동사의 의미를 강조

PART 12 · special structures (도치, 강조, 삽입, 생략, 동격)

22

The basic parts of the instrument had long been known. However, it wasn't until Hans Lippershey came upon the telescope principle that anyone combined lenses and a tube.

23

It is not reading of many books that is necessary to make a man wise and good, but the well reading of a few, could he be sure to have the best.

22

그 도구의 기본적인 부속들은 알려진지 오래였다. 그러나 Hans Lippershey 가 망원경의 원리를 생각해내고난 다음에서야 비로소 모든 사람이 렌즈들과 원통들을 결합하게 되었다.

- it is not until A that B : A하고 난 다음에서야 비로소 B하다
- come upon + 생각, 원리 : 무엇을 생각해 내다, 발견하다
- have long -pp : '오랫동안 ~해오다, ~한지 오래되었다'

23

인간을 현명하고 선하게 만드는데 꼭 필요한 것은 많은 수의 책을 읽는 것이 아니라 최고의 것을 가질 것을 확신할 수 있다면 적은 수의 책을 제대로 읽는 것이다.

- it is not A but B that V : 주어를 not A but B 구조로 잡고 강조함
- if he could be sure to : 가정법에서 if 생략 후에 의문문 어순으로 도치함

PART 12 · special structures (도치, 강조, 삽입, 생략, 동격)

24

It is not to science that we must turn for guidance but to the humanities – to the several fields of learning having to do with the social and moral fibers of our people.

25

It is not so much the other man's words as his silence which we have to learn in order to understand him. It is not so much our sounds which give meaning, but it is through the pauses that we will make ourselves understood. The learning of language is more the learning of its silences than of its sounds.

24

우리가 인도받기 위해 의존해야 하는 것은 과학이 아니라 사람들의 사회적, 도덕적 본성에 관계가 있는 여러 학문의 분야인 인문학인 것이다.

- it is not A but B that V : but B 이하를 뒤로 보내서 that 절을 먼저 보여 줌
- humanities : 인문학
- fiber : 섬유, 성질, 기질, 본성
- have to do with : ~와 관계가 있다

25

우리가 타인들을 이해하기 위해서 배워야 하는 것은 그 사람의 말이 아니라 침묵이다. 의미를 전달하는 것은 우리의 소리라기보다는 우리 자신이 이해되도록 만드는 침묵을 통해서 이다. 언어의 습득은 그 소리의 습득이라기보다는 그 침묵의 습득에 더 가깝다.

- not so much A as B 와 it be ...that 강조구문의 통합
- of its silences 와 of its sounds 가 than 에 의해 병렬되는 구조

PART 12 · special structures (도치, 강조, 삽입, 생략, 동격)

26

As individuals, we find that our development depends on the people whom we meet in the course of our lives. The benefit of these meetings is due as much to the difference as to the resemblance ; to the conflict, as well as the sympathy, between persons. Fortunate is the man who, at the right moment, meets the right friend ; fortunate also the man who at the right moment meets the right enemy. One needs the enemy. So, within limits, the friction, not only between individuals but between groups, seems to me quite necessary for civilization.

26

개인들로서 우리는 개인의 발전이 삶의 과정에서 우리가 만나는 사람에게 달려있다는 것을 알게 된다. 이런 만남이 주는 혜택은 그 유사성에 만큼이나 그 차이점에도 기인한다. 즉 개인 사이에서의 공감에 기인하는 것 만큼이나 갈등에도 기인한다. 적당한 순간에 올바른 친구들을 만나는 사람은 운이 좋은 사람이지만 적당한 순간에 좋은 적수를 만나는 사람도 운이 좋은 것이다. 사람은 적수를 필요로 한다. 그러므로 나에게는, 어떤 한계점 이내에서, 개인들 사이에서 뿐이 아니라 단체들 사이에서도 마찰이라는 것이 문명에게는 꼭 필요한 것처럼 보인다.

- fortunate is the man who : 주격보어 형용사를 문두로 뽑고 긴 주어를 뒤로 보내는 도치
- fortunate (is) the man : 위에서 이미 언급된 be 동사의 생략에 의한 도치
- be due to : '~에 기인하다, ~탓이다'
- friction : '마찰, 갈등'

PART 12 · special structures (도치, 강조, 삽입, 생략, 동격)

27

It is unlikely that many of us will be famous, or even remembered. But no less important than the brilliant few that lead a nation or a literature to fresh achievements, are the unknown many whose patient efforts keep the world from running backward; who guard and maintain the ancient values, even if they do not conquer new; whose inconspicuous triumph it is to pass on what they inherited from their fathers, unimpaired and undiminished, to their sons.

27

우리들 중 다수가 유명해지고 기억될 가능성은 적다. 그러나 자신들의 인내하는 노력이 세상을 후퇴하게 하지 않고, 비록 그들이 새로운 것들을 정복하지는 않는다 해도 선조들의 가치관을 지키고 유지하며, 자신들이 선조에게서 물려받은 것을 손상당하지 않고 줄어들지 않은 채로 자손들에게 물려주는 것이 그들의 눈에 띄지 않는 소소한 승리가 되는 그런 무명의 다수가 세상이나 문학을 새로운 업적으로 이끌어주는 뛰어난 소수들보다 결코 덜 중요한 것은 아니다.

- no less important than B is A : 주격보어의 문두 도치, 주어가 관계사절을 받아서 길어지므로 주어를 뒤로 보내기 위한 도치
- 연속된 관계사절이 the unknown many 를 꾸며주고 있음
- conspicuous : 눈에 띄는
- it is to pass on : 부정사 이하가 진주어이고 it 이 가주어이며 whose inconspicuous triumph 가 is 의 주격보어 = it is their inconspicuous triumph to pass on what they inherited from their fathers, unimpaired and undiminished, to their sons. 이 문장에서 their가 선행사를 the unknown many로 하는 관계사절로 바뀌었기 때문에 소유격 관계사가 이끌고 있는 주격보어 명사구를 문두로 위치시켜서 탄생한 관계사절
- unimpaired and undiminished : 분사구문에 의한 추가보어
- pass on A to B : A를 계속해서 B에게 전달하다

PART 12 · special structures (도치, 강조, 삽입, 생략, 동격)

28

The definition of success for many people is one of acquiring wealth and a high material standard of living. It is not surprising, therefore, that people often value education for its monetary value. The belief is widespread that the more schooling people have, the more money they will earn when they leave school. This belief is strongest regarding the desirability of an undergraduate university degree, or a professional degree such as medicine or law. The money value of graduate degree in 'nonprofessional' fields such as art, history, or philosophy is not as great. In the past, it was possible for workers with skills learned in vocational schools to get a high-paying job without a college education. Increasingly, however, the advent of new technologies has meant that more and more education is required to do the work.

28

많은 사람들에게 성공의 정의는 부의 획득 그리고 높은 물질적 생활수준과 같은 것이다. 그러므로 사람들이 종종 교육을 그 금전적 가치로 평가하는 것은 놀랄 일이 아니다. 사람들이 더 많은 교육을 받을수록 그들이 학교를 졸업하고 더 많은 돈을 벌게 될 것이라는 믿음이 널리 퍼져있다. 이 믿음은 대학교 학사학위 혹은 의학이나 법학과 같은 전문적 학위에 대한 갈망과 관련되어서 가장 강하다. 예술, 역사, 그리고 철학과 같은 비전문직업적 분야들에서의 대학원 학위에 대한 금전적 가치는 그만큼은 대단하지 않다. 과거에는 직업학교에서 습득된 기술들을 가진 근로자들이 대학교 졸업학위 없이도 후한 보수의 직업을 갖는 것이 가능했었다. 그러나 점차 새로운 기술들의 등장은 그런 일을 하기 위해 더 많은 교육이 요구된다는 사실을 의미하게 되었다.

- one of + 불가산명사 : 일종의
- the belief 와 that 절은 떨어진 동격절
- not as great 다음에는 as in professional fields 가 생략
- advent : 등장, 도래
- vocational : 직업적인
- definition : 정의
- acquire : 획득하다
- monetary : 금전적인
- undergraduate : 대학교
- graduate degree : 대학원 학위

PART 12 · special structures (도치, 강조, 삽입, 생략, 동격)

29

Astronomers today are convinced that people living thousands of years ago were studying the movement of the sky. Astronomers in those ancient cultures had no telescopes or binoculars, but they had great power in that they could predict the changing seasons, track time, and predict events like eclipses and the risings of certain celestial objects. They knew about and were able to predict these and other cycles only by observing carefully over periods of days, and months, and years.

29

오늘날의 천문학자들은 수천년 전에 살았던 사람들이 하늘의 움직임을 연구하고 있었다고 확신한다. 고대 문화의 천문학자들은 망원경이나 쌍안경을 갖고 있지 않았지만 그들이 변화하는 계절을 예측할 수 있고 시간을 잴 수 있으며 일식, 월식과 특정한 천체들의 등장을 예측할 수 있었다는 점에서 위대한 힘을 가지고 있었다. 그들은 수일, 수개월 혹은 수년에 걸친 주도면밀한 관찰을 통해서 이런 것들과 다른 순환주기들에 대해 알았고 예측할 수 있었다.

- in that 절 : ~라는 점에 있어서
- knew about and were able to predict : 병렬구조 확인
- telescopes : 망원경
- binoculars : 쌍안경
- be convinced that 절 : '어떤 사실을 확신하다'
- eclipse : '월식, 일식'
- celestial object : '천체'

PART 12 · special structures (도치, 강조, 삽입, 생략, 동격)

30

Over the course of history, it has been artists, poets and playwrights who have made the greatest progress in humanity's understanding of love. Romance has seemed as inexplicable as the beauty of a rainbow. But these days scientists are challenging that notion, and they have rather a lot to say about how and why people love each other. For a start, understanding the neurochemical pathways that regulate social attachments may help to deal with defects in people's ability to form relationships. All relationships rely on an ability to create and maintain social ties. Defects can be disabling, and become apparent as disorders such as autism and schizophrenia. Research is also shedding light on some of the more extreme forms of sexual behaviour. And some utopian groups see such work as the doorway to a future where love is guaranteed because it will be provided chemically, or even genetically engineered from conception.

30

역사에 걸쳐, 사랑에 대한 인류의 이해에 가장 큰 진보를 이루어 냈던 사람들은 예술가들, 시인들 그리고 극작가들이었다. 로맨스는 무지개의 아름다움만큼 설명될 수 없는 것처럼 보였다. 그러나 요즈음은 과학자들이 그런 생각에 도전하고 있으며 그들은 왜 그리고 어떻게 사람들이 서로를 사랑하는 가에 대해 말할 것이 꽤 많다. 우선적으로 사회적 애착들을 조절하는 신경화학적인 통로들을 이해하는 것이 관계를 형성하는 인간의 능력에서 생기는 결함들을 다루는데 도움을 줄 수도 있다. 모든 인간관계들은 사회적 유대를 만들고 지키는 능력에 의존한다. 결함들은 장애요소가 될 수 있고 자폐증이나 신경쇠약 같은 질환처럼 명백해 질 수 있다. 연구들은 성행위의 극단적 형태들 일부들도 밝히기 시작하고 있다. 어떤 이상적 연구단체들은 사랑이 화학적으로 제공되어지고 유전적으로도 수정단계부터 만들어질 수 있기 때문에 그런 일을 사랑이 보장되는 미래로 가는 입구로 여기고 있다.

- it be 주어 who 동사 : 강조구문에서 주어를 강조함
- shed light on : 무엇위에 빛을 떨구다 즉 환하게 밝히다
- see A as B : such A as B 가 아님을 유의할 것
- conception : 수정, 임신
- playwright : 극작가
- inexplicable : 설명되어질 수 없는
- notion : 생각
- neurochemical : 신경화학적인
- defect : 결함
- disorder : 질환
- autism : 자폐증
- schizophrenia : 신경쇠약

PART 12 · special structures (도치, 강조, 삽입, 생략, 동격)

31

Some people have the ability to awaken at a particular time each day. But the rest of us need a little help. Lots of people use alarm clocks that generate harsh sounds like buzzes or beeps. They have always used alarm clocks, which are cheap and functional, so they never consider the alternative. They wake to an alarm day after day. Don't be one of them. Alarms signal danger and urgency. You don't need to start your day with that in mind. Instead, it's much better to ease into wakefulness as pleasant music wafts through the air and into your consciousness. If you want to get your day off to a good start, wake up to music.

31

어떤 사람들은 매일 특정한 시간에 잠을 깨는 능력이 있다. 그러나 그렇지 않은 사람들은 약간의 도움이 필요하다. 많은 사람들이 웅웅거리거나 삐삐거리는 거친 소리를 내는 자명종을 이용한다. 그들은 늘 자명종을 이용했는데 이것들은 저렴하고 확실히 기능하기 때문에 사람들이 대안을 고려하지 않게 된다. 그들은 매일 알람에 맞추어 잠을 깬다. 그들 중 한 명이 되지 마라. 알람이라는 것은 위험과 긴급함을 알린다. 당신은 그런 경보를 마음에 담고 하루를 시작할 필요가 없다. 대신, 즐거운 음악이 공기를 통해 부드럽게 퍼져서 당신의 의식 속으로 들어올 때 서서히 잠에서 깨어나는 것이 훨씬 더 좋다. 당신이 하루를 좋은 출발로 시작하길 바란다면 음악에 맞추어서 잠을 깨라.

- wake (up) to : ~에 맞추어서 잠을 깨다
- waft through : 통해서 부드럽게 퍼지다
- get 목적어 off : 무엇을 시작하다
- Alarms signal danger and urgency 에서 signal 의 품사는 타동사
- urgency : 긴급함, 위급함
- ease into : 부드럽게 들어가다

PART 12 · special structures (도치, 강조, 삽입, 생략, 동격)

32

As soon as we are born, the world gets to work on us and transforms us from merely biological into social units. Every human being at every stage of history or pre-history is born into a society and from his earliest years is moulded by that society. The language which he speaks is not an individual inheritance, but a social acquisition from the group in which he grows up. In a word, the individual apart from society would be both speechless and mindless. The lasting fascination of the Robinson Crusoe myth is due to its attempt to imagine an individual independent of society. The attempt fails. Robinson is not an abstract individual, but an English man from York; he carries his Bible with him and prays to his tribal God. The myth quickly bestows on him his Man Friday ; and the building of a new society begins.

32

우리가 태어나자마자 세상은 우리에게 작업을 하여 우리를 단순하게 생물학적인 단위에서 사회적 단위로 변형시킨다. 모든 인간은 역사나 선사의 모든 단계에서 사회 안에서 태어나고 이른 시기부터 그 사회에 의해 형성된다. 그가 말하는 언어는 개인적 유산이 아니라 그가 성장한 집단으로부터의 사회적 습득물이다. 한마디로 사회와 격리된 개인은 언어도 정신도 없게 될 것이다. 로빈슨 크루소 이야기가 주는 지속적 매력은 사회로부터 독립된 개인을 상상하고자 하는 시도탓이다. 그 시도는 실패한다. 로빈슨은 추상적 개인이 아니라 York 출신의 영국인이다. 그는 자신의 몸에 성경을 지니고 다니며 자신의 부족 신에게 기도를 한다. 이 이야기는 금방 그에게 충실한 하인을 제공하게 되며 새로운 사회의 건설이 시작되는 것이다.

- work on : ~에 대해 작업을 하다
- apart from society : 가정의 의미로 사용되었고 그 결과를 조동사의 과거형으로 받았다
- individual 다음에 who is 가 생략된 것으로 본다
- bestow 의 목적어는 on him 다음으로 도치되었다.
- Man Friday : 충실한 하인
- mould : 틀을 만들다, 주조하다
- inheritance : 유산
- units : 단위
- a social acquisition : 사회적 습득물
- apart from society : 가정의 의미를 가지고 있으며 would be와 연동됨

PART 12 · special structures (도치, 강조, 삽입, 생략, 동격)

33

In the past few decades, governments have undertaken to control both prices and output in the agricultural sector, largely in response to the pressures of the farmers themselves. In the absence of such control, farm prices tend to fluctuate more than do most other prices, and the incomes of farmers fluctuate to an even greater degree. Not only are incomes in agriculture unstable, but they also tend to be lower than incomes in other economic sectors.

33

과거 몇 십년 동안 정부들은 농업분야에서 주로 농부들 스스로의 압력에 응답하여 생산량과 가격 둘 다를 통제하는 일을 맡았다. 그런 통제가 사라지자 농산품 가격들이 대부분의 다른 가격들이 그러는 것보다 더 많이 요동치는 경향이 있고 농부들의 수입들도 더 큰 규모로 요동친다. 농업에서 수입들이 불안정해질 뿐만 아니라 그 수입들도 다른 경제부문들의 수입들보다 더 낮아지는 경향이 있다.

- both A and B
- in response to : ~에 반응하여
- more than 다음에 의문문 어순으로 도치됨
- not only , but also 가 절과 절을 연결하면 앞 절은 의문문 구조도 도치됨
- sector : 분야, 부문
- fluctuate : 요동치다
- undertake to 부정사 : ~하는 일을 떠맡다

READING REVOLUTION Ⅱ

초판 4쇄 발행 2021 02 01

저　자 김정호
감　수 N.Buchan
제　작 (주)바른영어사
인쇄처 필 커뮤니케이션

발행인 (주)바른영어사
발행처 (주)바른영어사 출판사업부
등록번호 제2020-000136호
주　소 경기도 성남시 분당구 느티로 16, 907호
대표전화 (031) 272-0579 | 팩스 (031) 718-0580
홈페이지 www.properenglish.co.kr

국립중앙도서관 출판시도서목록(CIP)

Reading revolution. 2 / 저자: 김정호 ; 감수: N. Buchan.
-- 서울 : 바른영어사 출판사업부, 2014
　　p. ;　cm

본문은 한국어, 영어가 혼합수록됨
ISBN 979-11-950937-2-4 53740 : ₩15000

영어 독해[英語讀解]

747-KDC5
428-DDC21　　　　　　　　　　CIP2014007755

이 책의 내용에 대한 무단 전재 또는 복제행위는 저작권법 제 97조의 5에 의거, 5년 이하의 징역 또는 5,000만원의 벌금에 처하거나 이를 병과할 수 있습니다.